不良中年の風俗漂流

日名子 暁

SHODENSHA SHINSHO

祥伝社新書

まえがき

あらためて、こんなすごい男がいたもんだと思う。永井荷風が、この世を去って、二〇一〇年で五〇年目を迎える。知識、教養は並はずれたうえに財産もあれば、地位も名誉もある。それでいて、権威、権力に徹底して背を向け、「日和下駄」で紅灯の巷を徘徊し、しばしば沈む。世は戦争一色に染まるなかで、「明治の児」はひたすら戦争とは対極の「好色」の道を走り続け、それを小説や日記に記す。たとえば、昭和八年（一九三三）四月六日の日記（「断腸亭日乗」）にはこう記されてある。

――四月六日。微雨後に曇る。晩間銀座にて平岡神代万本その他の諸子に会ふ。また神代君の知れる女給にて、この頃サロン春といふ店に雇はれたる者に会ふ。同人所持の日勤簿を見るに女給心得書ともいふべきもの。その文言甚《はなはだ》滑稽なれば次の如く写し置きぬ。

サロン春の私たちは

日常の何事にも人間愛を持ちませう

仕事の上で公平無私に働きませう
何人に対しても謙遜いたしませう
心も気持も正しく爽々しい一日を過しませう
御互のために家のために国のために貯金しませう

もっぱら好悪の感情で人に接し、別れ、家庭も子供も持たずに気儘に生きた荷風は、こんな女給心得を読まされれば、フン、なにが人間愛だ、公平無私だと笑うしかなかったであろう。ただし、この女給心得の最後にある「貯金しましょう」にだけはうなずいたはずだ。

というのは彼は独特の金銭感覚――はっきりいえばケチ――の持ち主。財産家の息子として生まれ、大学教授をやめ文筆一本となるなど、多少の経済的な波乱はあったものの親の遺産は一説によると三〇〇〇万円（現在の価格にすると約三〇〇億円―明治の末―）を受け継いだほか、文筆家としても超売れっ子。金の苦労とは縁遠い一生だったが、そのつかい方に特徴があった。明治の男の常識として、現在でもその傾向はあるが、歳上や仕事の先輩などいわゆる目上の者が、酒席で勘定を持つのは当たり前、割り勘などはありえなかった。ところが、荷風は自分から誘った場合は勘定を持ったが、それ以外なら全て割り勘。かりに、大人数になった場合には、誘った相手の分は支払うが、その他の者の分は絶対に払わない。それがコーヒー一杯分でも同じである。

いまでもこの荷風タイプは珍しいだろうが、彼の生きた時代では、社会的地位が上の者や先輩が払って当然という周囲の眼や評判などまったく気にせず、平然と割り勘を貫き通した荷風は、異例中の異例。なんだあいつは……と白い眼で見られ、荷風の吝嗇エピソードは、彼の生前にも死後にもおびただしく流されている。

だが、そんな噂、陰口などどこ吹く風と荷風は、我が道を行った。戦後は、買物籠をぶら下げて闇市に買物へ。居住していた千葉県市川より船橋の闇市のほうが、品揃えも豊富で、安い、と聞けば、労を惜しまずにてくてくと船橋に行くなど、まさにやりくり上手な主婦のような暮しぶりであった。文化勲章までもらった〝文豪〟とは思えない。つつましいというか、なぜそこまで節約するのか、それほどまでして「金を貯めてどうするの。死んで金が残っても、しょうがないじゃないか」、これが世俗の荷風に対する見方であった。

だが、頑固一筋の明治の男荷風は、買物籠やカバンのなかに何よりも大事な預金通帳――

後に紹介するが、電車のなかに約一七〇〇万円預入れの預金通帳入りのカバンを紛失している――を常に入れ、外出していた。そして、死後、世俗の予想通りに、二三七二万円という大金を預けた預金通帳が発見されたのだ。

まさに、金銭を含めて我が道をひとり行く荷風の人生だったが、万事に締まり屋だった金銭面でいうと、唯一の例外が「色」の道。気に入った芸妓のためには、彼女を抱えている多額の前借金を支払うばかりか、希望するなら待合（小料理屋兼小旅館）までポンと買い与えるオダン（旦那、パトロン、スポンサー）ぶりであった。

さらに、足繁く通った玉の井の私娼たちなどにも惜しげなく金をつかっているし、ふだんはそんな気づかいをしないのに彼女たちに土産も持参している。つまり、彼は、弟、妹、親戚、先輩、後輩という〝身内〟とは常に一線を画し、義絶を含む関係を拒否。一人暮しとなり、下町、斜径の街を散歩（徘徊）と「色」の道の探索とそれを作品化することで生を終えたのである。

それにしても、永井荷風がたどった戦前から戦後にかけての「色」の道。それを平成の現在と比較してみると一見、平成の現在が多種多様に映る。さしずめ荷風が、今日存命であるならば、「フン、つまらん。みんな、素人ばかりではないか。いまの男たちは、打てばひびく、さすればこたえる、玄人の味を知らん。それでは遊びも色も分からぬではないか」と、昨今の「エンコー」や「不倫」を嘆くであろう。だが、荷風の足元にも及ばぬが、荷風以降に生きた「好色」お父さんたちも、その時代、時代を戦前とは異なり、仕掛けが豊富になされた「色の道」に翻弄されつつも、むき出しに言えば一瞬の射精という快美感と開放感を求めて歩いてきた。

荷風のようにそれを作品化することはないが、身丈にあわせて一喜一憂。なかなか制御し難き性欲という魔物に何とかくつわをはめようとつとめてはいるが、日暮れて道遠し……が大方の率直な感想ではなかろうか。荷風にはとうてい及ばないが、その戦後の「色」の道のささやかなガイドを試みることにしよう――。

目次

企画編集・元木昌彦
インターノーツ

第一章　「文豪」「奇人」そして「好色」の人

■文豪かつ「孤高」「気儘」「奇人」「守銭奴」「偏屈」「変態」

永井荷風とはどんな男だったのか、その足跡をたどってみると――。彼ほど娼妓に理解を示した者は少ないのではないか。

地下鉄三ノ輪駅から至近距離にある浄閑寺《じょうかんじ》。一六五五年（明暦元年）に建てられた浄土宗の古刹だが、ふしぎと代々の災害をまぬがれている。したがって、山門本堂などの建造物は古色蒼然、歴史を伝える。その浄閑寺の裏手が墓地となっていて、そのなかに吉原の遊女二万五〇〇〇人を埋葬した墓には「吉原無縁」と彫られた石柱が立つ。浄閑寺が「投込寺」と呼ばれるゆえんとなった吉原の遊女たちの死骸を大きな穴を掘って埋めた跡地である。

その向かい側に永井荷風の文学碑が立つ。生前、彼は「余死する時、後人もし余が墓など建てむと思はゞ、この浄閑寺の塋域娼妓の墓乱れ倒れたる間を選びて一片の石を建てよ」と言明。荷風の死後、四年目の命日である昭和三十八年四月三十日、谷崎潤一郎ら四二名からなる後輩たちが、この地に文学碑を建立。以降、今日まで命日に荷風忌が催されている。碑には、荷風の詩「震災」の一節が刻まれているが、それを紹介すると——。

今の世のわかき人々
われにな問ひそ今の世と
また来る時代の芸術を。
われは明治の児ならずや。
その文化歴史となりて葬られし時
わが青春の夢もまた消えにけり。
団菊はしをれて桜痴は散りにき。
一葉落ちて紅葉は枯れ
緑雨の声も亦絶えたりき。
円朝も去れり紫朝も去れり。
わが感激の泉とくに枯れたり。
われは明治の児なりけり。
或年大地俄にゆらめき

火は都を燬きぬ
柳村先生既になく
鷗外漁史も亦姿をかくしぬ。
江戸文化の名残烟となりぬ。
明治の文化また灰とはなりぬ。
今の世のわかき人々
我にな語りそ今の世と
また来む時代の芸術を。
くもりし眼鏡ふくとても
われ今何をか見得べき。
われは明治の児ならずや。
われは明治の世の児ならずや。

荷風は、何度も浄閑寺を訪れていて、世評に高い彼の日記「断腸亭日乗」（三十八歳から

浄閑寺の荷風文学碑（上）と
向きあう新吉原総霊塔（左）

七十九歳の死の直前まで書かれた）にも浄閑寺は登場する。

昭和十二年（一九三七）六月廿二日。快晴。風涼し。朝七時楼を出で京町西河岸裏の路地をあちこちと歩む。起稿の小説中主人公の住宅を定め置かむとてなり。日本堤《にほんづつみ》を三ノ輪の方に歩み行くに、大関横町というバス停留場のほとりに永久寺目黄不動の祠《ほこら》あるを見る。香烟脉〻《こうえんみゃくみゃく》たり。掛茶屋の老婆に浄閑寺《じょうかんじ》の所在を問ひ、鉄道線路下の道路に出るに、大谷《おおや》石《いし》の塀を囲《めぐ》らしたる寺即これなり。門を見るに庇《ひさし》の下雨風に洗はれざるあたりに朱塗の色の残りたるに、三十余年むかしの記憶は忽ち呼返されたり。土手を下り小流に沿ひて歩みしむかしこの寺の門は赤く塗られたるなり。今門の右側にはこの寺にて開ける幼稚園あり。セメントの建物なり。門内に新比翼塚《ひよくづか》あり。本堂砌《みぎり》の左方に角海老《かどえび》若紫之墓あり。碑背の文に曰《い》ふ。

若紫塚記

女子姓は勝田。名はのぶ子。浪華の人。若紫は遊君の号なり。明治三十一年始めて新吉《しんよし》原《わら》角海老楼に身を沈む。楼◯《内カ》一の遊妓にてその心も人《姿カ》も優にやさしく全盛双《なら》びなかりしが、不幸にして今《こ》とし四月廿四日思はぬ狂客の刃に罹《かか》り、廿二歳を一期《いちご》として非業の死を遂げたるは、哀れにもまた悼《いた》ましし。そが亡骸をこの地に埋《うず》む。法名紫雲清蓮信女といふ。ここに有志をしてせめては幽魂を慰めばやと石に刻み若紫塚と名け永く後世を吊《とむら》ふことと為しぬ。噫《ああ》。

明治卅六年十月十一日

七七正当之日　　　　佐竹永陵誌

（中略）

六月以来毎夜吉原にとまり、後朝《きぬぎぬ》のわかれも惜しまず、帰り道にこのあたりの町のさまを見歩くことを怠《おこた》らざりしが、今日の朝三十年ぶりにて浄閑寺を訪《と》ひし時ほど心嬉しき事はなかりき。近鄰のさまは変りたれど寺の門と堂宇との震災に焼けざりしはかさねがさね嬉しきかぎりなり。余死するの時、後人もし余が墓など建てむと思はば、この浄閑寺の塋域《えいいき》娼妓の墓乱れたる間を選びて一片の石を建てよ。石の高さ五尺を超ゆべからず、名は荷風散人墓の五字を以て足れりとすべし。銀座に飰《はん》して帰れば十一時なり。午後蔵書の中より吉原に関するものを取出して読む。夜執筆二、三葉。早く寝《しん》につく。（「摘録断腸亭日乗」永井荷風著、磯田光一編／岩波文庫、以下「断腸亭日乗」引用は同書より）

永井荷風。本名永井壮吉。明治十二年（一八七九）十二月、東京・小石川生まれ。東京外国語学校清語科（現東京外国語大学）中退。在学中より広津柳浪に師事、明治三十五年（一九〇二）に「地獄の花」を刊行。父久一郎の強い勧めにより明治三十六年（一九〇三）、渡米。銀行員となり、フランスにも滞在。明治四十一年帰国、同四十三年に慶応義塾文学科教授に就任。この間「あめりか物語」「すみだ川」などの作品。ただし、「ふらんす物語」は刊行直前に発禁となる。

明治四十五年（一九一二）、周囲の勧めにより材木商の娘と結婚するが、翌年、父久一郎が死去するや離婚。大正三年（一九一四）に新橋の芸者八重次（後の舞踊家藤蔭静枝）と結婚するが翌年離婚する。大正五年、慶応義塾の教授を辞任、三十七歳。

以降、親の遺産を受け継いだこともあり文筆一本の生活に入る。大正六年より死の直前まで書き続けられた日記「断腸亭日乗」の執筆を開始。余丁町、築地などに居をかまえるが、大正九年（一九二〇）、麻布市兵衛町に建てた洋館「偏奇館」に落ち着き、昭和二十年（一九四五）、東京大空襲で焼失するまで同所に居住する。

この間、明治、大正、昭和の芸妓、私娼を材料とする「つゆのあとさき」「すみだ川」

「腕くらべ」「ひかげの花」「濹東綺譚」などを発表。戦時色一色となる世の中で異彩を放つ。敗戦後、昭和二十一年（一九四六）市川市に転居、以降昭和三十四年（一九五九）四月三十日に死去するまで同市に居住。一人暮しを続けながら、ひいきのストリップ小屋のある浅草通いを続けたが、この間「荷風全集」（中央公論社版、全二十四巻）を刊行するなど大家としての地位を築いた。昭和二十七年（一九五二）に文化勲章を受け、二十九年日本芸術院会員に選ばれている――。

これが永井荷風のごく簡単な略歴。明治以降の森鷗外、夏目漱石、芥川龍之介、谷崎潤一郎ら文豪と呼ばれる作家の一員に彼を加えることに異論はないであろう。だが、この略歴にも少し触れられているが、これら文豪のなかで荷風はその性格、暮しぶり、趣味嗜好、対人関係が一味二味も異なっていた。文学上の評価とは別に「孤高」「気儘」「奇人」「守銭奴」「偏屈」「変態」などというレッテルが伝えられている。たとえば、奇人・奇才人物伝と銘打った「好色家艶聞事典」（相田浩一編／東京堂出版）にも永井荷風は加わっていて、その見出しも「情事の覗き見を重ね、秘戯をカメラに撮る変質」と強烈なもの。彼が「変質者」だかどうかは後に詳しく報告するとして、永井荷風の評価を続けよう。

戦後、民主主義の幕開けとともに種々の情報を伝えるマスメディアの発達により、戦前とは比べものにならないほど荷風ら文学者の私生活も伝えられるようになった。戦前、荷風が変わり者であることは一部では知られていたが、読者一般には荷風がどういう性格であるかは分かっていなかった。

だが、戦後、荷風自身は戦前と変わらなかったが、周囲の彼を見る目が変わったのだ。今日の表現を用いれば、荷風は「タレント」であり「有名人」となったのである。となれば、大仰にいうと、荷風の一挙手一投足に注目が集まり、その世間一般とは異なる奇行ぶりが伝えられたのである。

たとえば「ユリイカ」（一九九七年三月号）は永井荷風の特集を組み、文学者・詩人・評論家などがさまざまの角度から荷風を論じているが、そのなかに「奇人伝説――戦後マスコミの伝えた荷風像」（中村良衛著）がある。この論考には、新聞を中心とするマスメディアに登場した荷風像を紹介してあるが、それに沿って戦後の荷風像を追うと――。

「奇行文豪」荷風と語る／笑い飛ばす発狂説／老境になお長編物の構想

この見出しで昭和二十二年一月二十日付の「読売新聞」が、いまでいえば荷風との独占インタビューを掲載している。それにしても「奇行」に「発狂」とはすさまじい。戦前から荷風は、もともと人嫌い、マスメディア嫌いが徹底していて、それだけに戦後のマスメディアは、荷風の動向を直接、訊くことに価値がある、と判断したのであろう。

その読売新聞の記事だが、「奇行」や「発狂」という強烈な見出しに比べれば、内容はおとなしい。記事を要約すると――。家にこもったまま訪問者には絶対会わない。外出するのは朝の散歩と風呂屋通いと買物。その買物も、鳥打ち帽、下駄ばき姿で買物籠を下げて市川の闇市か船橋まで出かけ、野菜や魚の買出しに出かける。そのまま船橋駅のベンチで夜明ししたとか闇市で配給の酒を売ったとかの噂がある、といったものだ。この程度の行動でどこが「奇行」なのかと首をかしげる内容なのだが、後に、この記事は本物の「奇行」については触れない、遠慮したものであることが判明する。

だが、この程度の「奇行」でも当時は衝撃的だったようだ。なにせ、荷風といえば文豪である。文豪即ちエライ先生。そのエライ先生が、下駄履きで買物籠をぶら下げて闇市に大根や鰯を買いに行く姿は、世間一般が抱くイメージではない。

それまでにこの永井荷風という文豪は、なぜか世をすね、紅灯の巷で遊び、いわゆる家庭の味などは拒否する変わり者だ、という戦前の予備知識を持っていた者もいる。それを立証するようなこの荷風の記事だ。しかも、記事には、鳥打帽、買物籠をまるで主婦のように抱え、ハダシで下駄履きの荷風の姿が、写真で紹介されている。そのうえ、このスタイルで背広姿なのである。当時でも、異様なセンスとしかいいようがない。

この記事と写真の効果もあって「変人」「奇人」の永井荷風というイメージが定着する。本人は、服装を含めた生活スタイルは戦前と変わってない、と思っていただろうが、世間はそう見なかった。マスメディアは、荷風本人の意識とは関係なく、ひらたくいうと、おもしろい素材として荷風関連のニュースを送り始めた。

■四畳半襖の下張

しかも、荷風の言動がユニークだったのである。昭和二十三年五月、「朝日新聞」(同年五月七日付)は「エロ出版社を摘発/永井荷風氏を参考召喚」という見出しの記事を掲載した。現在、永井荷風作が、ほぼ定説となっている「四畳半襖の下張」を当時の表現を用いれば、警視庁は御禁制のワイセツ文書と見なし、摘発。風説では、永井荷風作とされているので当人を市川の自宅に訪ね、事情聴取したというわけである。記事には荷風の談話も掲載されていて、それによると「本屋が勝手に改作したものだ」と否定している。荷風の死後も、この幻の名作とされる「四畳半襖の下張」は生き続け、本当に荷風作かどうかも研究者の間で検討されたが、それらは省略する。あらためてこの作品が話題になったのは、昭和四十年代、作家の野坂昭如が編集長を務めた雑誌「面白半分」に一挙掲載、それがワイセツ文書として摘発され、野坂らが起訴。裁判の結果、有罪判決を受けたいわゆる四畳半襖の下張裁判である。

だが当時もそうだが、この作品を読んで一般常識からワイセツと判断するほうがごくごく少数派。ましてや今日になれば、ネットでそれこそワイセツそのものの組んずほぐれつの〝ホンバン〟が手にとるがごとくオールカラーで見ることができる。そんな時代に文章でワイセツ？　それ、なあに……けげんな顔をするだろう。そこで、ともかくこの荷風作といわれる「四畳半襖の下張」の一部を紹介しよう。

まず、前書きから。なお、難解な漢語、文語調、旧カナを読みとばしても意は十分伝わる。

今年曝書の折ふと廃塵の中に二三の旧稿を見出したれば暑をわすれんとて浄書せしついでにこの襖の下張と名づけし淫文一篇もまたうつし直して老の寝覚のわらひ草とはなすになん。

大地震のてうど一年目に当らむとする日金阜山人あさぶにて識るす。

（前略）

思へば二十歳の頃、身は人情本中の若旦那よろしくひとりよがりして、十七八の生娘は面白からず、五ツ六ツも年上の大年増泣かして見たしと願掛けまでせし頃は四十の五十のといふ老人の遊ぶを見れば、あの爺何といふ狒々ぞや、色恋も若気のあやまちと思へばゆるされもすべきに、分別盛の年にも恥ぢず、金の威光でいやがる女おもちやにするは言語同断と、こなたは部屋住の身のふところまゝならぬに、役にも立たぬ悲憤慷慨、今となつて思返せばをかしいやら恥しいやら、いつの間にかわれ人共に禿頭皺嗄声となりて、金に糸目はつけぬぞあの妓をぜひと、茶屋の女房へ難題持込む仲間とはなるぞかし。人様のことは言はずもあれや、つらつらおのれがむかしを顧るに、二十代は唯わけもなきことなり。

（中略）

おのれ女房のお袖、まだ袖子とて芸者せし頃の事を思出すに、廿三四の年増ざかり、小柄にて肉付よきに目をつけ、折を計つて否応言はさず泊らせける。其首尾いかにを回顧するに（中略）

形を替へたらば気もかはるべしと、独言のやうに言ひて、おのれまづ入れたなりにて横に身をねぢれば、女も是非なく横になるにぞ、上の方にしたる片手遣場なきと見せかけて、女の尻をいだきみるに堅ぶとりて円くしまつた肉付無類なり。おそよ女の尻あまり大きく引臼の如くに平きものは、抱工合よろしからざるのみか、四ツ這にさせての後取りは勿論なり、膝の上に抱上げて居茶臼の曲芸なんぞ到底できたものにあらず。女は胴のあたりすこしくびれたやうに細くしなやかにて下腹ふくれ、尻は大ならず小ならず、円くしまつて内股あつい程暖に、その肌ざはり絹の如く滑なれば、道具の出来すこし下口なりとて術を磨けば随分と男を迷し得べし。（中略）

知らず知らず少しよくなり出したと気がついた時は、いくら我慢しようとしてももう手おくれなり。元来淫情つよきは女の常、一つよくなり出したとなつたら、男のよしあし好嫌ひにかゝはらず、恥しさ打忘れて無上にかぢりつき、鼻息火のやうにして、もう少しだからモットモットと泣声出すも珍しからず。さうなれば肌襦袢も腰巻も男の取るにまかせ、曲取のふらふらにしてやればやるほど嬉しがりて、結立の髪も物かは、骨身のぐたぐたになるまでよがり尽さねば止まざる熱すさまじく、腰弱き客は、却つてよしなき事仕掛けたりと後悔先に絶たず、アレいきますヨウといふ刹那、口すつて舌を噛まれしドチもありとか。扨も袖子、指先にていぢられてゐる中、折々腰をもぢもぢ鼻息次第に烈しく、男を抱く腕の力の入れかた初めとは大分ちがつた様子、正しく真身に気ざせし兆しと見てとるや、入れたまゝにてツト半身を起して元の本取の形、大腰にすかすかと四五度攻むれば、女首を斜に動し、やがて両足左右に踏み張り、思ふさま股を開いて一物をわれから子宮の奥へ当てさせる様子。

（中略）

一度気をやれば暫くは擽《くすぐ》ったくてならぬといふ女あり。又二度三度とつづけざまに気をやり、四度目五度目に及びし後はもう何が何だか分らず、無暗といきづめのやうな心持にて、骨身のくたくたになるまで男を放さぬ女もあり。男一遍行ふ間に、三度も四度も声を揚げて泣くような女ならでは面白からず。男もつひ無理をして、明日のつかれも厭はず、入れた儘に蒸返し蒸返し、一晩中腰のつづかん限り泣かせ通しに泣かせてやる気にもなるぞかし。

（中略）

今まで幾年となく、諸所方々遊び歩きしが、これほどの容色にて、これ程の床上手にはまだ一度も出会つたことなし。今夜はどうした巡り合せかと思へば、しみじみ嬉しくなり、おのれも女の内股へ顔さし入れ、先づ舌の先にて上の方の急所を嘗め、折々舌をまるめて奥深く入れては又上の方をなめてやるに、女は忽ちうつゝによがり始め、口の中なる男の一物唇にて根元を堅くしめてはこきながら、舌の先にて鈴口を弄ぶ。其心地開中にあるよりは又別段の快味に、此方も負けじと舌を働す中、続けさまにぐつとこかれていよいよたまらず。もう行くからと、腰を浮して取らんとすれど、女啣へたなりにて放さず、一きは巧な舌のはたらき、ウムと覚えず女の口中にしたゝか気をやれば、女も同じく気をやると覚えて、泉の如く出したる淫水、頤より胸へとべたべたつたはる……

（中略）

又折々別の女ほしくなるは男のくせなり。三度の飯は常食にして、佳肴山をなすとも、八時《おやつ》になればお茶菓子もよし。屋台店の立喰、用足しの帰り道なぞ忘れがたき味あり。女房は三度の飯なり。立喰の鮓に舌鼓打てばとて、三度の飯がいらぬといふ訳あるべからず。家にきまつた三度の飯あればこそ、間食のぜいたくも言へるなり。

（中略）

無類の美味家にありて、其上に猶間食の不量見、並大抵のあそびでは面白い筈もなし。山手は下町とちがひ、神楽坂、富士見町、四谷、渋谷あたり、いづれも寝るのが専一にて、待合茶屋より口掛ける折も、身体の都合はどうかと念を押す程の土地柄、随分とその道にかけて優物あり。大勢の前にてはだか踊なんぞはお茶の粉さいさい、人の見る前にても平気で男のものを口に入れて気をやらせるお酌もあれば、旦那二人を芸者家の二階と待合とに泊らせて、たくみに廻しを取るもあり。昼でも夜でも口があれば、幾座敷でもきつとお引けにして、見事に床裏返させるのみかは、旦那も来ずお座敷もない時には、抱えの誰彼択みなく、一しょに昼寝をさせ、お前さんはおいらんになり、わたしはお客になつてお女郎屋ごつこしようよと、初は冗談に見せて足をからませてゐる中に、アレサ何が気まりがわるいんだよ、もつと上の方なんだよ、此の児は十八にもなつてまだ知らないのかい、呆れたねえと、自分から唾をつけ、指持ち添へていぢらせ、一人で腰つかふ稀代の淫乱にたまりかね、抱えの妓さへ居つかぬ家ありと、兼ねて聞いたる人の咄を思出し、わが家の首尾気にしながら、はるばる山手の色町に出かけ、上玉参円並弐円で、よりどりどれもすぐ寝る便利に、好勝手な真似のかづかづ、遂には一人の女では物足らず、二人三人はだかにして左右に寝かし、女のいやがる事無理にしてたのしむなんぞ、われながら正気の沙汰とはいひがたし。

一読されて、どう思われるだろうか。いやあ、昭和の初期に戻ってみたいと思う者も多かろう。しかし、この読物をワイセツだと考える人がいるだろうか。ただし、この「四畳半襖の下張」が書かれたと推測される大正時代や流布した戦前の昭和では、詳しくは引用しなかったが「膝の上なる居茶臼にして、下からぐいぐいと突き上げながら、片手の指は例の急所攻め、尻をかゝえる片手の指女が肛門に当て、尻へと廻るぬめりを似て動すたびたび徐々とくぢつてやれば、女は息引取るやうな声して泣いぢやくり、いきますいきます、いきますからアレどうぞどうぞと哀訴するは……」とか「上なる電燈くまなく照らすを打眺めつゝ、おのれも浴衣かいやりはだかとなり、女が両腿よりすくひ上ぐるやうにして、此方へ少し反身になつて抜挿見ながら行ふ面白さ」といった具体的な描写に触れれば、性的に興奮するのは自然であろう。となれば、万事「立つ」ことを許さない〝お上〟にはワイセツだとみなされる。

それを知っているのでこの「四畳半襖の下張」は、著者を明らかにせず、地下出版されたのである。それが、戦後になり、幻の〝名作〟として世に流布。しかも、その作者が、あの文豪永井荷風だ、と噂され、紹介したように警察の事情聴取を受ければ否が応でも荷風に関心が集まった。しかも、この「四畳半襖の下張」の登場人物、舞台は荷風好みの待合、娼妓といった世界だからなおさら世間の注目を集めた。

■荷風の浅草

「変人」永井荷風という世間のイメージにこたえるように、その後も〝荷風ニュース〟は流れ続ける。彼の浅草通いもその一つ。戦後、上半身ヌードになった踊り子の「額縁ショー」が、戦前にはありえなかった女性のハダカが見られることから大人気となったストリップショー。そのメッカが、戦前から都内有数の盛り場だった浅草。戦後の浅草は、戦前に輪をかけた人気で映画館、大衆演劇などの小屋が建ち並ぶ盛り場として日曜祭日ともなれば、押すな押すなの大盛況で歩くのもままならぬほどのにぎわいぶり。

その浅草に常盤座、ロック座、大都劇場などのストリップ劇場があった。荷風は、市川の住まいから京成電車に乗り、これらストリップ劇場に通ったのだ。しかも、見物するばかりでなく、ひいきの踊り子をたずねて楽屋にも顔を出した。当初は、ヘンなおじいさんと見ていた踊り子も、彼が有名な作家であることが分かると歓迎するようになった。

「断腸亭日乗」から浅草通いのくだりを何日か紹介すると——。

昭和二十三年（一九四八）

六月初一　旧四月二十四日　陰。午後浅草公園大都座楽屋。裸体舞踊一時禁止の噂ありしがその後ますます盛にて常磐《（ママ）》座ロック座大都座の三座競ひてこれを演じつつあり。今日見たる大都座にては日本服きたる女踊りながら赤きしごきを解き長襦袢《ながじゅばん》をぬぐところまで見せる。午前十時開場と共に各座満員の由。燈刻帰宅。

Alexandre Zévaès :L' Affaire Dreyfus をよむ

なお、この項に先立つ五日に、荷風は先に紹介した「襖の下張」が秘密出版された件で警視庁に出頭し、事情聴取をうけている。もう一項紹介しておこう。

昭和二十四年（一九四九）

六月十八日。晴。夕刻いつもの如く大都劇場に至る。終演後高杉由美子らと福嶋喫茶店に少憩し地下鉄入口にて別れ独《ひとり》電車を待つ時三日前の夜祝儀《しゅうぎ》若干を与へたる街娼に逢ふ。

（筆者注・六月十五日、荷風が地下鉄入口で、マッチで煙草の火をつけようとするが、川風のためになかなかつかなかった。近くにいた街娼の一人が、永井先生でしょう、私がつけてあげます、と火をつけてくれたが、荷風がなぜ自分のことを知っているとたずねると新聞やなにかの写真で荷風のことを知っているのと彼の作品「鳩の町」も読んだ、と。さらについ最近まで亀有にいた、

とも。荷風は煙草の空箱に祝儀にと百円札三枚を入れて渡した）
その経歴を聞かむと思ひ吾妻橋上につれ行き暗き川面を眺めつつ問答すること暫くなり。今宵《こよい》も参百円ほど与へしに何もしないのにそんなに貰つちやわるいわよと辞退するを無理に強ひて受取らせ今度早い時ゆつくり遊ばうと言ひて別れぬ。年は廿一、二なるべし。その悪ずれせざる様子の可憐なることそぞろに惻隠《そくいん》の情《じょう》を催さしむ。不幸なる女の身上を探聞し小説の種にして稿科を貪《むさぼ》らむとするわが心底こそ売春の行為よりもかえって浅間《あさま》しき限りと言うべきなれ。

永井荷風の、いかにも彼らしい記述。橋の上、川風、ほつれる髪に男と女……とまるで新派の一シーンを見ているような気がする。

そんな荷風と、彼がしげく通った浅草のヌード劇場の踊り子という組み合わせを東京新聞、「アサヒ藝能新聞」（後の「週刊アサヒ芸能」）などが写真つきで取り上げている。かくて、永井荷風のイメージは「変人」にして「好色」となったのである。さらにいうと「四畳半褸の下張」の表現を借りれば、狒々爺《ひひじじい》扱いもされた。

こういう世間の荷風像に拍車をかけるように、荷風の「奇行」がつぎつぎとマスメディアにより流された。ただし、荷風文学をきちんと評価するものもあり、それが昭和二十七年の永井荷風の文化勲章受章につながった。

受章が確実視される頃、話題になったのは世間の評価に背を向ける「孤高」にして「変人」の彼が、勲章を受けるか否かであったが、案のほか喜んで荷風は受けたのである。各紙とも「相好くずした荷風散人」（朝日新聞）、「〝モーニングが要るね〟」（毎日新聞）と報道。受章後の荷風の談話も「これからはもう固いものを書きますよ。〝浅草もの〟はもう止めます」と発表され、荷風も地位や名誉に弱い「凡人」なのかと思わせたが、そんな談話などどこ吹く風かと間を置かずの浅草通いを再開。受章を喜ぶ踊り子に囲まれ、やに下がっている荷風の写真が掲載された。

〝時の人〟となった荷風の私生活情報は流れ続けた。なかでも、いってみれば〝身内〟から衝撃的な情報が、荷風にとってはマイナスイメージとなったのである。

その情報は、戦後間もなく岡山、熱海と住まいを転々としていた荷風に市川の住居を提供したフランス文学者小西茂也からのものであった。彼は「新潮」（昭和二十七年十二月号）に〝困った同居人〟である荷風の日常生活を記した文を発表したのだが、それによると荷風の暮しぶりは、常人ではなかったのである——。それを要約すると。

煮炊きは七輪で室内で行なう。乱雑きわめる部屋を掃除しようとすれば、盗まれたものがないかと徹底的にチェックする。さらに、盗癖もあれば、覗き癖もある。小西夫妻の寝室の障子に穴をあけ、夫婦生活を覗くのだ。気がついた夫人が、その穴をふさぐと、そのふさいだ穴をまた開けるという徹底ぶり。そのとき、荷風の年齢は六十八歳から七十歳にかけてのこと。覗きに関しては、すさまじい執念というしかないが、尊敬する文学者荷風に好意から住居を提供した当人とすれば、寝室を覗くなど許し難い行為である。火事の恐れのある部屋での煮炊きと合わせて、我慢の限界に達し、荷風に退去を通告したのは、当然のことであろう。

小西邸を出た荷風は、同じ市川に居を構え、それが終の栖《すみか》となるのだが、荷風の、いわゆる「奇行」は、まだまだ続き、そして、それがニュース種となったのである。昭和二十九年四月、荷風は総武線船橋駅で、常に持ち歩いている総額約一七〇〇万円の預金通帳などが入ったボストンバッグを紛失。だが、そのボストンバッグを拾得した米兵が、木更津署に届け出て、バッグは無事、荷風のもとに戻るというできごとがあった。荷風は米兵に謝礼として五〇〇〇円を渡していたのだが、それを含めて「毎日新聞」「サンデー毎日」「週刊読売」「週刊朝日」などのマスメディアが、こぞって記事にしたのである。

しかも各紙、誌とも共通していたのは、一七〇〇万円（現在の貨幣価値で約五億円）という、現在でもそうだが、当時でも目もくらむような大金を持ち歩く「奇行」に注目。荷風が、有名作家ではあるが、そんな大金持ちとは知らなかったと転じ、そのわりには謝礼金があまりにも少ないと皮肉ったあげく、そういえば、大金持ちの例にもれず、彼のケチぶりはつとに有名である、と結ぶしまつ。

自分の金をどう保管しようが、勝手ではないか……という〝常識〟はまったく通用せず、「変人」「奇人」からとうとう「吝嗇」まで荷風のイメージは悪化したのだ。加えて、先に紹介したように、老いてなおさかんな彼の「好色」である。

だが、荷風本人は、こういう悪評をいっこうに気にするふうもなく、判で押したように、気分さえすぐれていれば浅草通いを続けた。最晩年の「断腸亭日乗」からそのあたりのくだりを抜き書きすると――。

昭和三十四年（一九五九）

一月一日 旧十一月二十一日雨。正午浅草。高梨氏来話。日本酒を贈らる。雨雪となる。

二月十八日 陰。午前税務署。正午浅草。

以降、二月廿二日、日曜日。雨後晴。正午浅草。といったぐあいに連日、天候と正午浅草の記述が続くがその浅草通いも三月一日で終わる。

三月一日。日曜日。雨。正午浅草。病魔歩行殆《ほとんど》困難となる。驚いて自働車を雇《やと》ひ乗りて家にかへる。

■孤独死

そして、昭和三十四年（一九五九）四月三十日、「明治の児」永井荷風は、八十歳で永眠する。

しかも、その最期も、荷風らしく、市川市の自宅で、誰からも看取られることもなく胃潰瘍の吐血によって引き起こされた心臓発作により死去したもの。一人暮しの荷風の遺体は、翌日、通いの手伝い婦によって発見されている。

当人は覚悟のうえであったろうが、孤独のままに迎えた荷風の死は、さまざまな社会的な話題を巻き起こし、それをマスメディアが代弁したのだが、概してそれは好意的なものではなかった。と言うより、「人間ぎらいで、けちんぼう」「臨終も孤独のままに！文化勲章作家永井荷風が貫いた奇人ぶり　主なき汚れ放題の住居」「親類や兄弟ともゆききせず、母の葬式にも行かなかった」などなど荷風の人格攻撃が目立った。

いかに「奇行」の人であり、「吝嗇」といわれるほど金にしっかりしていて「好色」にして「人まじわり」が嫌いであろうとも、それは荷風という人物の性格。大声で非難されるいわれはないはず。彼がいわゆる〝有名人〟といえ、当然荷風にもプライバシーがある。そのプライバシーをここまで書き立てられる。しかし、見方を変えれば、荷風の義理も人情もどこ吹く風かとばかり人間関係のしがらみを拒否、自由気儘に生きた姿が、うらやましいのではないか。いうまでもなく文の才能にも恵まれている。ひらたくいうと「金」も「才能」

も「女」もある永井荷風。確かに彼は「変人」ではあるが、「妻」なし「子」なしでいかにも飄々と生きている。そんな彼が気になる……。調べてみれば、興味深いエピソードが無数にころがっている。争うように彼の在命中も死後もいわば〝荷風スキャンダル〟は流出し続け、とうとう遺体写真（アサヒグラフ）まで発表されたのだ。

その反面、永井荷風を評価する論考もなされた。いずれにせよ、彼の死後間もなくは、時ならぬ〝荷風ブーム〟が出現したのだ。

ここで冷静に永井荷風の像を伝えることにしよう。「文藝春秋デラックス」に掲載された文芸評論家進藤純孝の文を紹介する。

――八十歳の荷風が陋屋の独りずまいで胃潰瘍のため吐血し、誰にみとられることもなく死んでいたことは、相当額の預金通帳だけを遺していたことと共に、世間の話題となった。死の訪れるのを待って天寿を完うするといった風情も、死を急いで自戒する激しさもなく、野たれ死にという他はないその往生は、金銭的に窮したあともないだけに、まことに文士らしい死にざまとして、昭和三十年代の太平と景気をむさぼる文芸界を嘆息させた。

新帰朝者として一夜作りの乱雑粗悪な「明治」の社会を罵倒し、江戸文化を懐しんで花柳界に遊び、「深川の唄」「すみだ川」をはじめ「腕くらべ」「おかめ笹」など芸妓、娼婦の世界を描いて、社会にそっぽを向く強い意地を示したのは、明治から大正にかけての荷風である。

こうして世に背を向けた荷風に、満州事変から日華事変を経て太平洋戦争へとのめり込んでゆく昭和動乱の時代が住みよい筈はない。「つゆのあとさき」「ひかげの花」「濹東綺譚」はその住みにくさをつぶやいて頑固に時勢を受付けなかった荷風の意地の作品である。

（中略）

戦後にも「裸体」「老人」「葛飾土産」と制作は続くが、反抗と孤独のこの作家は、復興の戦後社会にも背を向け、濹東に独り住んで浅草に通い、レビュー小屋の踊子たちに親しむばかりの日常を過している。

そうした晩年の姿は日記「断腸亭日乗」に写されているが、文化勲章を受け芸術院会員に選ばれた世間的な栄誉を反故にして隠者に徹した文士根性が染み透っている――

■好色の道

荷風が、先の人格攻撃をまじえた悪評やこの文士根性という誉めことばを読んだとすれば、恐らく、それがどうした、と冷笑したであろう。

いずれにせよ、時の人としての荷風騒動は、当然ながら時の流れとともに静まったが、先に紹介した「四畳半襖の下張」裁判で、荷風の話題が再燃する。こんどは、それこそ「書いてよし」『実技でもこい』の性の達人としての荷風である。しかも「断腸亭日乗」を筆頭に、荷風の性について調べようと思えば材料はいくらでもある。さらに、荷風を識る人たちも存命であった。かくて荷風と性についてはさまざまな形での「伝説」や「風聞」が流布。

もっとも、荷風の時代に「性」という表現は一般的ではなかった。「色事」である。

しかも、現在とは異なり、この「色事」は秘すれば花であり、今日のように、大っぴらに語るものではなかった。したがって「色事」の達者な者も、それを秘して暮していた。だが、なぜかこういう「色事」話は、人の世の常として自然と流出する。

たとえば「豪華——愛妾二十余人に子と孫で百数十人」（松方正義）、「いろはにほへと……妾の店。色と欲の牛鍋王」（木村壮八）「水揚げを好んだ御前」（伊藤博文）、「三人の女を手玉に。社会主義実践」（大杉栄）、「姦通罪で収監。情熱の歌人」（北原白秋）などなど。

まさに英雄、色を好む。

そのなかにあって永井荷風は、日記のなかで自身の「好色」の道を述べている。荷風の日記「断腸亭日乗」は他人に読まれることを意識したものであり、事実、この「断腸亭日乗」は、我が国文学史上、日記文学の最高傑作と評価されているのだ。ただし、何度も引用しているので分かるように、荷風の教養から漢語を多用していることから、研究者を除くと現代人は、読み難い。だが、その不自由さをがまんして読み続けていると、彼が生きた時代の習慣、風俗、風景、時代の流れが手にとるように分かり、実に興味深く、おもしろい。偏屈で一見世をすねた隅のご隠居風の永井荷風という教養人が書いた「断腸亭日乗」ファンが、今日でも多いのはうなずける。

そのうえ、この日記には荷風研究家の秋葉太郎氏などの考証によれば、情事をなした日には「・」印がついているという。さらに「◦」という印も。「・」「◦」の使い分けは定かでないようだが、コトが可能であった際に「・」が、女性に何らかの性的昂奮することがあったときに「◦」とも読めるようだ。ただし、この「・」印が載っているのは岩波版「荷風全集」で、安価で入手しやすい岩波文庫版「断腸亭日乗」にはついていない。

いかにも荷風らしいいたずらと思えるのだが、それはともかく後日、読まれる日記に次のような記述をするのは珍しい。
「お歌とは、去夏六月お歌奇病に襲はれし以前より閨中の交いつともなく途絶えゐたり。然るに去年十二月家主中野某わが方よりお歌が滞納家賃五百円を二重取りせし事あり。その事よりお歌との交際再び行はるるやうになりしが……」（昭和七年十一月三十日）
「去年十二月のはじめに初めて逢ひしその日より情交 忽《たちまち》膠《にかわ》の如く、こなたより訪《と》はぬ日は必かなたより訪ひ来りて、これと語り合ふべき話もなきに、唯長き冬の夜のふけやすきを恨《うら》むさま、宛《さなが》ら二十前後の恋仲にも似たりと思へば、さすがに心耻しく顔のあからむ心地するなり。人間いくつになりても色慾は断ちがたきものと、つくづくわれながら呆れ果てたり」（大正十五年正月十二日）
なお、「つくづくわれながら呆れ果てたり」と記した荷風の年齢は四十七歳である。以降、昭和に入っても「呆れ果てたり」の所業は続き、カフェ通い、妾宅、待合経営、玉の井びたり、浅草通いという「女遊び」の道に励むことになる。
そして、昭和十一年一月三十日付の「断腸亭日乗」に、今日でいうお手伝いさんである政江なる使用人が、酒屋などの勘定を払わずに行方不明となったことに怒り、「政江といふ女わが家に殆二ヶ月ほどゐたりしが暇取りて去る時余に向ひては定めの給料以外別にゆすりがましき事を言はず、水仕事に用ゆるゴムの手袋と白き割烹着《かつぽうぎ》とを忘れ行きしほどなれば、金銭の慾なく唯しだらしなく怠惰なる女なるが如し。（中略）三、四十年来の事を回想して手切金を取らずに去りし女まづこの政江一人なるべし。つれづれなるあまり余が帰朝以来馴染を重ねたる女を左に列挙すべし」と書き、本当に深い関係にあった女性一六名の名前、なれそめ、職業などを記しているのだ。

しかも、ご丁寧に「この外臨時のもの挙ぐるに遑《いとま》あらず」と記されてある。つまり、今日風にいえば、「ワンナイトラバー」である一夜妻は含まれていないということだ。

中年を過ぎ、精力の衰えを感じ始めた現代の男どもも、精力旺んだった過ぎ去りし日々を思い出し、接した女性を指折り数えた経験を持つ者も多いであろう。その際、指折ったた数があまりに少なく、わがもてなさに愕然とする者、逆にあまりに多く両手、両足の指では足りないうえに、忘れてしまった女性がいるはずだ、とあらためて数えなおす者もいるだろう。男の人生さまざまというほかない。

そういえば、一昔前、この「女体遍歴日記」をイニシャルでしたため、それが妻に発覚し、離婚に追い込まれたシナリオライターがいたが、荷風は、妻も子もいず、母親が死去したのちは、弟妹、親戚とは一切、関係を持たなかった人物。我の女体遍歴を日記にしるしても、誰にも文句はいわれない。とはいえ、この昭和十一年、五十七歳と当時では既に隠居年齢、地位も名誉もある有名作家。そのうえ、性を語ることを恥とし、なおかつ日本は軍事色一色に染まった時代だ。当時のことばを借りれば、「女色」にうつつをぬかす「非国民」行為。その「女色」をあえて日記に記す永井荷風という人物は、すごい、というほかないであろう。

そこで、いってみれば荷風が認めた〝愛人〟を日記から抜粋してみると――。

一　鈴木かつ　柳橋芸者にて余と知り合ひになりて後間もなく請負師の妾となり、向嶋曳舟通に囲はれゐたり、明治四十一年のころ

二　蔵田よし　浜町不動新道の私娼明治四十二年の正月より十一月頃まで馴染めたり、大蔵省官吏の女

三　吉野こう　新橋新翁家富松明治四十二年夏より翌年九月頃までこの女の事は余が

随筆「冬の蠅」に書きたればここに贅せず

四　内田八重　新橋巴家八重次明治四十三年十月より大正四年まで、一時手を切り大正九年頃半年ばかり焼棒杭、大正十一年頃より全く関係なし新潟すし屋の女

五　米田みよ　新橋花家（成田家か不明）の抱、芸名失念せり、大正四年十二月晦日五百円にて親元身受、実父日本橋亀島町大工なり、大正五年正月より八月まで浅草代地河岸にかこひ置きし後神楽坂寺内に松園といふ待合を営ませ置くこと三ヶ月ばかりにて手を切る、震災後玉の井に店を出せし由

六　中村ふさ　初神楽坂照武蔵の抱、芸名失念せり、大正五年十二月晦日三百円にて親元身受をなす、一時新富町亀大黒方へあづけ置き大正六年中大久保の家にて召使ひたり、大正七年中四谷花武蔵へあづけ置く、大正八年中築地二丁目三十番地の家にて女中代りに召使ひたり、大正九年以後実姉と共に四谷にて中花武蔵といふ芸者家をいとなみをりしがいつの

頃にや発狂し松沢病院にて死亡せりといふ、余これを聞きしは昭和六年頃なり、実父洋服仕立師

八　野中直　大正十四年中赤坂新町に囲置きたる女初神田錦町に住める私娼なり、茅ガ崎農家の女

七　今村栄　新富町金貸富吉某の身寄の女、虎門女学校卒業生なりといふ、一時書家高林五峯の妾といふ、大正十二年震災後十月より翌年十一月まで麻布の家に置きたり、当時二十五歳

十三　関根うた　麹町富士見町川岸家抱鈴龍、昭和二年九月壱千円にて身受、飯倉八幡町に囲ひ置きたる後昭和三年四月頃より富士見町にて待合幾代といふ店を出させやりたり、昭和六年手を切る、日記に詳なればここにしるさず、実父上野桜木町ゝ会事務員

十二　清元秀梅　初清元梅吉内弟子、大正十一年頃折ゝ出会ひたる女なり、本名失念大坂商人の女

十一　白鳩銀子　本名田村智子大正九年頃折ゝ出会ふ陸軍中将田村の□□□三女〔欠字

ママ〕

十五　黒沢きみ　本名中山しん、市内諸処の待合に出入する私娼、昭和八年暮より九年中毎月五十円にて三、四回出会ひゐたり明治四十二年生砲兵工廠職工の女

十六　渡辺美代　本名不明、渋谷宮下町に住み夫婦二人づれにて待合に来り秘戯を見せる、昭和九年暮より十年秋まで毎月五拾円をやり折折出会ひたる女なり、年二十四

この外臨時のもの挙ぐるに遑《いとま》あらず、

（欄外墨書）九　大竹とみ　大正十四年暮より翌年七月まで江戸見坂下に囲ひ置きたる私娼

（欄外墨書）十　古田ひさ　銀座タイガ女給大正十五年中

（欄外墨書）十四　山路さん子　神楽坂新見番芸妓さん子本名失念す昭和五年八月壱千円にて身受同年十二月四谷追分播磨家へあづけ置きたり昭和六年九月手を切る松戸町小料理家の女

昭和の初期に青春時代を過ごした八十歳以上なら、この荷風の「愛人簿」を読んで何の説明も不要だろうが、それ以下の年齢だと注釈が必要であろう。ましてや、現在の若者には「身受」だの「抱」「私娼」「待合」「芸妓」など理解不能。荷風が、愛人を抱えていた時代は、まだ売春防止法が存在していない時代のこと。親の承認があれば、娘が身を売ることは合法。それが廓と呼ばれた売春宿であろうが、芸妓（芸者）置屋であろうがいっこうにかまわない。表現を変えれば、親の承認という証文つき人身売買である。

したがって、いったん籍を置いた廓や芸妓（芸者）置屋を離れようとすれば、貸借関係を清算しなければならない。荷風の文にある「抱」は、芸妓（芸者）置屋のことで、壱千円にて「身受」とは、壱千円を払って芸妓（芸者）置屋から自由の身にさせた、ということである。「待合」は、ごく簡単にいうと現在のラブホテル。「私娼」は、公認された廓などに属する売春婦ではなく、非公認の地区で売春を業とする女たちのことをいう。

荷風はこのいわば〝プロ《玄人》〟の女性たちをもっぱら相手にした、というわけだが、なかには番号でいうと十一、十二という〝プロ〟とも〝アマチュア《素人》〟とも判断のつかない者やあるいは十六番の「夫婦秘戯」の女性もいる。この「夫婦秘戯」は、戦後、お座敷やあるいはストリップ劇場でも演じられたいわゆる〝シロクロショー〟のことであろうが、それにしても芸妓、私娼、女給と荷風は〝プロ〟を総なめしたうえに〝シロクロショー〟の女性まで相手にするという幅の広さである。

では、荷風は〝アマチュア〟を相手にしなかったのかというとさにあらず。この〝愛人簿〟には掲載されていないが、荷風には結婚歴があるのだ。

この結婚については、荷風研究者のほとんどが触れているが、詳細は本書巻末の参考文献に譲るとして、荷風が、なぜ、結婚したかについて触れておこう。

荷風の結婚は、明治四十五年九月。相手は本郷湯島の材木商の娘斎藤ヨネ。当時、荷風は三十三歳、慶応義塾大学の文科教授だった。当時の荷風は、先の「愛人簿」にあった三番の女、新橋の芸者富松（吉野こう）と深い仲となり、おたがいの腕に「こう命」「壮吉命」と刺青を入れる熱々ぶり。しかし、大学教授が彫物とは……荷風のすごさが分かる。

しかし、まだ懐ぐあいがさびしかった荷風の収入だけでは生活できなかったため、富松も芸者を続けた。ために、彼女は客に誘われると遠出もせざるを得なかった。その富松の仕事ぶりが、自分をないがしろにしている、と荷風が誤解。そんな荷風の前に「愛人簿」四番目の女八重次（後の舞踊家藤蔭静枝。荷風とは大正三年に結婚するが、離婚）と出会い、たちまちいい仲となった。それを知った富松が、二人が密会していた待合に乗りこみ、つかみあいのケンカまで。本命はおまえで、八重次は浮気の相手だ、と荷風が富松をなだめ、その場は富松も納得するが、その後も八重次との仲を継続するという二本道を続けた。

こういう乱行が大学でも評判となり、父親の久一郎は「嫁をもらわないと男は落ち着かない」との当時の〝常識〟に従い、荷風に、斎藤ヨネを嫁に、と縁をととのえた。

「明治の児」荷風は、親に孝の世代である。父親の勧めには従わざるを得ない。結婚をしぶしぶ承諾したのだが、新妻に対して当時としては驚天動地の行動に出たのだ。

それが荷風の研究、考証書に多く登場する「コンドーム」事件。当時は、遊びの場である花柳界（廓、芸者置屋）でしか使用しなかった避妊具であるコンドームを、荷風は新婚初夜から用いたのである。

もともと、気に入って結婚した相手ではないうえに子供嫌い、家族嫌いの荷風にすれば、コンドームを使うのは〝常識〟ではないか、と思ったが、世の〝常識〟は違う。永井家の長男である荷風は、家のために子供をもうけねばならない。それをコンドームとは何事か。新妻もおかしいと思い、実家でそのことを訴えた。だが、荷風はとりあわないどころか、八重次のところに足繁く通った。父親久一郎は、そんな荷風の態度をにがにがしく思っていたが、荷風に意見してもムダなこと。女房より愛人と荷風は、年末には八重次を連れて熱海旅行。どう考えても、新婚間もない夫のとる行動ではない。かりにそうしたいと思っても、ふつうの男なら実行に移せない。ましてや、荷風は、世間的には地位も名誉もある大学教授ではないか。

間が悪いことには、この当時はそんなことばはないが「熱海不倫旅行」中に、父久一郎が脳出血で倒れ、危篤状態に。荷風はそんなことは知らずに、家には帰らずに八重次宅で熱愛状態を続けた。友人がやっと荷風に連絡をとり、父親の状態を聞き、実家に戻ったが、父親の意識は戻らずに死亡。その一ヶ月後に、顔を立てた父親との義理は果たしたとばかりに荷風は協議離婚したのである。

その後、八重次の「身受」をし、先に紹介したように八重次と再婚する。だが、荷風の浮気はやまず、芸者などに手を出し続ける。だが、荷風が、右代表だが、当時の男どもの意識は「女房は外に出ず、しっかり家を守れ。男には男のつき合いがある。男の浮気は甲斐性。男はそういうものだ」という男優位なもの。

しかも、荷風は、これは病気というもので、同時に複数の女性と情事を行なう。当然、「どっちをとるの」ともめる。それでも、〝二股〟をやめなければ、あきらめた女性が荷風のもとを去る、というパターンの繰り返し。荷風にしてみれば、相手がほとんど花柳界出身なので、花から花へと蝶のように飛びまわる男の生理はよく分かっているはずだ、文句はいうな、だったであろう。

だが、家にいる下女扱い（事実、荷風は下女にも手を出している）されるにも、がまんの限界がある。さらに、大正五年（一九一六）には慶応義塾をやめ、文筆一本の暮しに入っていた。在職中から大学教授という地位にほとんどプレッシャーを感じていなかったろうが、それでも教授をやめれば晴れて天下の素浪人。何をしようが自分の勝手と、好きな「女色」の道をひた走っている。そこへ、女房面をして「ああせい」「こうせい」は、うっとうしいかぎりだ。

加えて、弟などと確執はあったが、長男として父親の莫大な遺産を引き継ぎ、ひらたくいうと荷風には金はある。金さえあれば、気に入った芸妓（芸者）を「身受」することができる。いうまでもなく彼は女好きだ。となれば、花柳界でもてないはずがない。

なにせ荷風は結婚を望んでいないし、考えてもいない。八重次との結婚も、時の流れというもので、実際に結婚はしてみたもののこれは違う、とばかりにわずか五ヶ月（大正三年八月結婚、大正四年二月離婚）しか二人の結婚生活は持たなかった。

ただし、離婚後も同棲しているのも荷風らしい。しかし、八重次には荷風流の再三いう〝下女扱い〟には納得がいかなかったとみえ、置き手紙を残して荷風のもとを去っている。

そこで、荷風は「やっぱりあの女がよかった」とばかりに富松とよりを戻そうとする。この心理が分かる男は多かろう。ところが、これまたよくある話で、「何をいっているのよ、私たちはもう終わった仲よ」と五年間も放っておかれた富松は復縁を拒否。荷風は、未練たらしく彼女を追いかけたが、そのつど手厳しい拒絶にあい、あきらめた。

■好色への執念

だが、そんなことで「好色」をあきらめる荷風ではない。「愛人簿」にある清元秀梅、今村栄、野中直などと関係を持ち、番号でいうと十三の関根歌と出会う。鈴龍という名で麹町の花柳界に出ていた彼女を気に入った荷風は、金壱千円で「身受」。荷風が男盛りの四十八歳、歌二十一歳と年齢差二十七歳だが、よほどウマがあったとみえ、荷風にしては延べ五年間と比較的長い間、愛人関係を結んだ。ウマがあったというのは、性格よりも趣味嗜好だった形跡が濃厚。

歌は、浮草稼業である芸妓の世界から足を洗い、待合経営をしたい、と荷風にねだった。荷風もそれに応じ、麹町三番町に「幾代」という待合を開いた。荷風は、待合の旦那よろしくせっせと「幾代」に通う。待合は、先に述べたように、現代でいえばラブホテルである。男の一人客は女将に、この際、歌だが、頼めば、床をともにする女を呼んでくれるが、それればかりではなく、いまでいうカップルの男女も利用する。男は、たいがいそうだが、覗きが好きである。荷風はもともとその覗き志向が強かったとみえ、にわか大工よろしく、鋸を購入、それを使い、カップルが利用する部屋に覗き穴を作ったのだ。

そして、これはというカップルが入ってくると、さっそくその覗き穴にかじりついてカップルの熱戦を覗いた。しかも、覗き終わったあと、歌に「あれはつまらない」とか「いやあ、すごい。料金をまけてあげなさい」と批評した、というのだ。

覗きに協力する歌は、荷風にとって格好なパートナーだったようで、待合だけでなく荷風の住居である麻布の偏奇館にも呼びよせ、ここでは、歯を抜かせたうえでのリップサービスまでほどこさせた、というのだ。覗きに、フェラチオ……、当時の世相ではリッパな変態である。

そういう意味で荷風の「好色」は徹底している。さらに荷風は「好色家艶聞事典」によれば、待合「幾代」（女の浪《よが》り声《ごえ》からこの名前をとったという説もある）で覗きの味をしめたことで、伝手をたどり牛込、神楽坂の待合にも出没し、覗ける部屋を探し、それがかなわぬ場合にも隣室の声に耳をダンボにして聞き入っていたとか。

一般的にいえば、覗き、盗聴などは、精力の衰えをおぎなおうとするもの。新しい刺激を受け、精力を復活させようとするものだが、荷風もそうであったのか。だが、荷風の「好色」追求はまだまだ続いた。

〝愛人簿〟の十六にある渡辺美代の項にある「秘戯」である。紹介したように、彼女は夫と称する男と〝ジロクロショー〟を実演してみせ、荷風を大いに歓ばせた。荷風は当時、趣味にしていたカメラでそれを写真に撮ったのである。

こうなるともはや歌をかまう暇はなくなり、歌もしだいに「好色」の度合いがエスカレートしてきた荷風に嫌気がさし、狂気のふりをして荷風のもとを去った。

荷風は、その頃（昭和十一年）からカメラをさげて玉の井通いを始め、玉の井の女たちを観察し、それが「濹東綺譚」となって結実したのである。

戦後、市川に落ち着いてから大家の小西夫婦の寝室を覗いたのも、戦前からの性癖がそのまま続いていたゆえであろう。さらに、浅草のストリップ通いも、戦前には隠れてしか見ることのできなかった女体への執念と解釈することができる。

もはや、男としての機能は果たせなくなっても――「断腸亭日乗」によれば、それは荷風六十六歳のときからと記されている――。

昭和十九年
十二月初三。快晴。今日は余が六十六回目の誕生日なり。この夏より漁色の楽しみ尽きたれば徒《いたずら》に長命を歎ずるのみ。唯この二、三年来かきつづりし小説の草藁《そうこう》と大正六年以来の日誌二十余巻だけは世に残したしと手革包《てカバン》に入れて枕頭に置くも思へば笑ふべき事なるべし。夜半月佳《よ》し。

敗色濃厚の空襲下に、荷風はこのように書き残している。満年齢六十五歳にし、男性機能の終わり。それが早いか遅いか……。まあ、ナミであろう。しかし、終わりになっても、その後、完全に火が消えたわけでなく、埋火のごとく、ときにチロチロと燃えることもある。荷風はその後も性への執念を燃やし続けているのだが。この執念である。

もし、荷風の時代にバイアグラがあれば、彼は必ず使用していたであろう、と思わせる。

さて、駆け足で荷風の「好色」の道をたどってきたが、どんな感想を持たれたであろうか。こんなひたすら真摯に、真面目に、世間がどう思おうとも「好色」の道をたどった荷風に畏敬の念を抱くかあるいは「性」にふりまわされた、あわれな生涯と思うか当たり前だが、人さまざま。これも当たり前のことだが、人は濃淡の差はあっても「性」とは無縁では生きられない。そして、その「性」の世界は、広く、奥深い。先達である永井荷風はその「性」の世界に果敢に踏みこみ、戦前という時代に、まず、ふつうの者なら入って行かない〝獣道《けもの》〟も探求。それを実地のみならず作品に仕立てあげた。

筆者には彼の文学史上の評価などできないが、そこには他の作家にはない〝獣道〟の味わいがある。

さらに、当人は否定しているが、紹介した「四畳半襖の下張」という「好色本」の名作がある。なお、この作品は、二度ワイセツ文書として摘発され、有罪判決を受けている。

「文」と「実地」の達人、永井荷風。現代でも彼に学ぶことは多い。とまあ、ことは「好色」。そう力むこともないが、それにしても永井荷風のように、強烈な意志のもと、ひたすら自由に気ままに足の向くまま気の向くまま、下駄履きでひょうひょうと生きられたらいかに楽しいか……。小さな「好色」にこだわる我ら凡人は、そう考えてしまう。そこで、項をあらため、平成の現在、荷風ばりに「好色」の〝獣道〟を現代に探ってみることにした。

第二章　平成版「好色」の獣道

■フーゾク百花繚乱

誰がいったか記憶してないが「世の中は背中に柱、前に酒。左右に女、懐に金」というセリフがある。まあ、これが男の理想の形ではなかろうか。

胃腸が弱いせいか酒はともかく、残りの三条件を充たした生涯を送ったのが永井荷風であろう。その荷風の死後五〇年。いまは平成の世である。荷風の時代とは「好色」の場が大きく変わり、総称として「風俗」（フーゾク）となった。しかも、このフーゾクの場には、荷風がこの世にいれば、目をまわすような多種多様な〝営業品目〟が取り揃えられている。「抱きキャバ」「オッパイパブ」「フケセン」「ダレセン」「ピンキャバ」「出会い喫茶」「デート喫茶」「ちょんの間」「お見合いパブ」「熟女クラブ」「ピンパブ」「デリバリーヘルス」「性感マッサージ」「ファッションヘルス」に「ソープランド」「アロマエステ」「エスコートパブ」「出張コンパニオン」「3Pクラブ」「カップル喫茶」「DVD観賞クラブ」「芸者遊び」に「尼僧クラブ」などなど。

一億総助平になったかと思うほど百花繚乱の日本である。それでいて、金銭で身体を売ることを禁じた売春防止法が、昭和三十三年から施行されている。ただし、現実に売春が行なわれても、実際は管理売春以外は罰せられない（未成年はのぞく）ザル法ではあるが。

建前上は、荷風の時代に全国に存在した公認の売春地帯は消滅したのだ。代わって法の網をくぐる各種売春の〝細道〟がフーゾクという名のもとに誕生し、その〝細道〟が、現在ではさらに細く、こまかくなっているのだ。

日本人は、こと「好色」の道でも勤勉なのかあるいは「性」については創意工夫にあふれているのか。それを検証していくことにする——。

荷風の時代と現代のフーゾクが大きく異なる点は、四つある。一つは、紹介したように、曲がりなりにも売春を禁じる売防法の存在。二つ目が、後に詳しく報告する性器を挿入しない——したがって売春にはならない——非挿入系のフーゾク。三つ目が、フーゾクの場での外国人女性の急増。四つ目が、荷風の時代には数少なかったアマチュア《素人》の氾濫である。しかも、このアマチュアが、時代を追うごとに年齢が低下し、高校生から中学生、いまでは小学生売春などというけたたましい時代になっている。

このなかからまず、三番目のフーゾク（盛り場）に外国人が急増した点から。バブル期という異常景気の時代ほどではないが、現在、全国の盛り場、北は北海道から南は沖縄まで外国人女性がスナック、バー、クラブ、居酒屋から各種フーゾク店で働く姿は、日常化している。しかも、外国人の国籍が、中国、韓国、フィリピン、タイ、ミャンマーなどのアジア系、コロンビア、メキシコ、ペルー、ブラジル、チリなどの中南米勢に、ロシア、ウクライナ、ルーマニアなどの旧ソ連、東欧系に、アメリカ、イギリス、オーストラリア、カナダなどの欧米系などなど。中東とアフリカ勢を除くと、「世界の国から今晩は……」と、日本の盛り場は夜のオリンピック状態になっているのだ。

なかでも、距離が近いせいもあってアジア系の姿が目立つ。それも昭和四十年代からだから、もはやブームというより既に定着。外国人女性は、全国津々浦々にある大小の盛り場の大仰に言うと「アイドル」「マドンナ」となっているのだ。しかも、この外国人たちは、正確に言うと、外国人が、ホステスという単純労働を禁じる日本の法に触れるのだ。

そこで、彼女たちは歌手やダンサーなど芸能人に与えられる「興行ビザ」や日本語学校の生徒に認められる「就学生ビザ」を取得し、働いているが、その資格での接客は資格外活動となり、これまた法律違反なのである。だが、そこは「建前」と「本音」の国日本。

当局は、ソープランドですら、あれは売春ではなく、客とホステスが個室内で自由恋愛を楽しんでいると解釈しているのだ。そんなバカな……あれは立派な買春であり売春そのものではないかといって、大人なら誰も目くじらを立てない。

「興行ビザ」「就学生ビザ」でも、解釈は同じ。「興行ビザ」で来日しても歌手やダンサーでなく、実質はホステスであることは分かっているし、日本語学校在籍は便宜上のもの、実質はアルバイトホステスが本業と分かっていても、見て見ぬふりをする。

だが、目にあまると判断すると旅券法違反や資格外活動の容疑で彼女たちを摘発し、強制送還などの処置をとるのだ。それでいて、法に厳密に照らし合わせて外国人ホステスを一掃することはない。日本国内で外国人ホステスの需要が常に存在し、日本との経済格差があるかぎり、ブローカー経由で彼女たちは来日し続ける。

そういう日本や外国の社会背景はこのぐらいにしておこう。いずれにせよ日本国内で外国人ホステスは、昭和四十年代以降は、紆余曲折はあるものの不可欠の存在となっているのだ。

たとえば、昭和四十五年（一九七〇）に、外国人女性に関連してこんな報道がなされている。

「韓国から呼び寄せた妓生（キーセン）を日本人と架空結婚させて高級朝鮮料理店へ斡旋していた秘密斡旋グループ摘発」

「台湾女性を、キャバレーで働かせるために日本人青年を送り込み偽装結婚させて日本に連れ込もうとしたキャバレー経営者四人が逮捕」

「フィリピン人女性を騙して日本に入国させ、ヌードダンサーやホステスとして働かせていた潜りの芸能プロダクション関係者五人が逮捕」

といったぐあいで、この時代、新宿・歌舞伎町では、売春つきの「台湾クラブ」「台湾バー」が営業していた記憶がある。なにせ、外国人女性が珍しい時代。「好色」お父さんたちは一度でいいから外国人女性とお手合わせを熱望していたのだ。

その「好色」お父さんの願望がかなう時代がやってきたのだ。

■日本のお父さんとフィリピンのマビニ

いま、思えば、単純素朴というか無神経というか理解に苦しむが、経済成長の波に乗って「おらさ、外国に行くだ。外国で女遊びするだ」とばかりに、主として三泊四日のお父さんの団体旅行が開始されたのである。

「JALパック」をもじって「YALパック」といわれた「女」「おんな」「オンナ」の欲望むきだしツアー。台湾、韓国からフィリピン、タイへと舞台を移動していったのだが、旅先では非難のブーイング。とはいえ「好色」お父さんたちが落とす金は、バカにならない。航空会社、旅行社、ホテルに料理店にバー・クラブにプロモーターに現地の女性たちにお父さんたちの金がばらまかれた。そうなると勢いというのは恐ろしいもの。六〇年代末から七〇年代前半、現地に日本人専用の遊び場ができたのである。台湾、韓国はその後、経済成長を遂げたことと国民感情ともあいまって、新北投温泉（台湾）などの日本人専用の遊び場は衰退していくが、フィリピンのマニラでは、まだ日本人の遊び場マビニは健在である。

この遊び場を見れば、日本人のお父さんたちが、どのような遊び（フーゾク）を好むかがよく分かる。マビニの歴史をたどってみると――。

マビニでは「ヤクザ」「ジャパゆきさん」「置屋」などの日本語が、いまでも通用するほどの日本人とは縁の深い盛り場なのだが、もともとこのマビニは、戦前には大きなホテル、ビルの合間に住宅が建ち並ぶ一等地だった。それが、アメリカと日本が激突した太平洋戦争により破壊され、戦後は、焼け残ったビルとビルの合間に、日本流にいう焼跡闇市のにわか作りのバラックが建設された。そのバラックが外国人相手のバーに変わった。

そして、ホテルも残っていたことからそのホテルに泊まる観光客を相手にするお土産物屋、レストランもオープン。マニラのツーリストベルトになっていたところへ日本人のお父さん観光客が、団体で押し寄せたというわけである。

日本の「好色」お父さんの目的は「女」であるが、外国人相手のゴーゴーバーは、彼らの好みにあわない。現在でも、ゴーゴーバーはディスコと名前を変え、存続しているが、そのスタイルは変わらず、カウンターの上の〝お立ち台〟でトップレスのフィリピーナが、ダイナミックあるいは気だるげに踊る。客は、その踊りを見ながら、刺激を受け、どのフィリピーナにしようかと迷ったあげく気に入ったフィリピーナがいれば、価格交渉をして店外に連れ出す。

その目つきは、真剣そのもの。しかも、彼らは選ぶ時間はかけても、頼むのはたいがいビール一本のみ。それをチビチビ飲みながら、これというフィリピーナを物色するのだ。踊っているフィリピーナだけでなく店内にいるフリーの売春婦も同じような目で見る。

ふつうの日本人の感覚としては、遊びの場なのになんたる陰気さかと鼻白む。しかも、日本人とは違って、たいがいが単独で店に来ている。そんなことでおもしろいのか、と思うが、それが彼らの〝女遊び〟のスタイルなのだ。

日本人は、酒があり、会話があり、その流れのなかからフィリピーナを選びたい、と考えるのだが、七〇年代の初めに、マビニにはそんな日本流の遊び場は、なかった。

なければ作ればいい、と当時、勢いのあった日本人業者は考えた。誰が、最初にそれを実行に移したかは分からないが、なにせ、ホステスという存在がない国フィリピン、当初は酒食をともにし、日本流のおさわりというベタベタと身体を触られるホステスになることに抵抗があったであろう。なお、現在でも日本のクラブで働くフィリピーナはホステスと呼ばれると露骨にイヤな顔をし「タレントかエンターティナーといってよ」と訴える。彼女たちにとってホステスは売春婦を意味するからである。フィリピーナびいきの全国のお父さんたちには常識だろうが、念のために。

ともかく、マビニには、急増する日本人「好色」お父さんのために、ホステスを置くバーが、つぎつぎとオープン。「好色」お父さんは喜んだ。念願の外国人女性と酒席をともにできたのだ。国に帰れば「実は、オレ、外国の女となあ～」と土産話の一つもできる。しかも、この外国人女性は、もともとプロであるから、ベッドもともにしてくれる。

かくて、当時のことばを借りれば、アナ場情報として遊びの隠れ里マニラ・マビニの名前が浮上する。当然、インターネットのない時代だから、もっぱら〝口コミ〟かあるいは週刊誌、スポーツ誌によってこのアナ場情報が、かけめぐった。

となれば、我も我も……とばかりにマニラのマビニを訪れる日本人「好色」お父さんたちが増加。しかし、小さなバーだけでは、押し寄せるお父さんたちを満足させるサービスは提供できない。

これもまた誰が思いついたか分からないが、日本に昔からある芸妓を抱える「置屋」というシステムをマビニで作り上げた業者がいたのだ。といっても、荷風の時代の「置屋」とは似て非なるもの。マビニでは、大きな一軒家を借り、二階を日本流にいえば〝寮〟としてフィリピーナを住まわせ、日本人「好色」お父さんの団体が到着するとフィリピーナを一斉に一階に下りてこさせる。そこで〝集団見合い〟を行なうのだ。

一軒家の代わりに、日本のキャバレー並みのスペースを持つ店だと、働くフィリピーナの控室をマジックミラーにし、外から客に見させるところもあった。フィリピーナは、腕に番号をつけているので客は「一〇番の色の浅黒いスリムな女」とか「一八番の色が白く、胸の大きい女」というぐあいに気に入ったフィリピーナを選ぶことができる。

「置屋」でもこういう「マジックミラーの店」でも、選ばれたフィリピーナは、ベッドをともにすることは最初から承知している。しかも、その〝ベッド値段〟はあらかじめ現地のガイドから「ショートなら五〇〇〇円。泊まりですと一万円です」と告げられているので、かんじんのベッドの内容はともかく不安はない。

この「置屋」のほか、マビニではホテルのボーイやレストランのウエイターから路上のガイドやタクシーの運転手が「シャチョー、女、あるよ。若いよ。カレッジね」「ヘイ！　ジャパニーズ！　デパート・ガール、いるよ。安いよ。処女よ」と日本流にいえば〝ポン引き〟活動にいそしむようになったのだ。

それほど日本人の「好色」お父さんが、マビニには溢れた、ということだ。しかし、日本人相手に商売するバーや「置屋」、ホテル、レストランなどの経営者を除けば、この堂々の〝買春ツアー〟を白い眼で見るのは当たり前。

台湾、韓国でも同じ経過をたどったのだが、万事、鷹揚なフィリピンでもさすがに〝買春ツアー〟は問題となったのである。見てきたように報告している、と思われるだろう。事実、七〇年初頭から現在まで一〇〇〇回以上も、何の自慢にもならぬが、筆者はもっぱらフィリピーナの尻を追いかけ、このマビニ界隈を訪れているのだ。

したがって、マビニの隅々まで知っていると自負している。それはともかく、マビニ報告を続けよう。七〇年代半ばに、「あれはやりすぎた」、という事件が、マビニ界隈で起きた。マビニの中心に、いまは巨大なショッピングセンターになっているが、当時、日本人団体客がよく利用するシティホテルがあった。日本でいえば東京のホテルニューオータニクラスである。

その宴会場でさる日本の事務機メーカーが、一〇〇名を超える取引先をマニラに招待してパーティを開いた。そこまでは何の問題はなかったが、集められたホステスが、全員「置屋」から派遣されたフィリピーナたち。つまり、全員、テイクアウトできる女性たちである。

日本人「好色」お父さんの行状には慣れているマビニの人たちも、それこそ口あんぐり。「置屋」や「マジックミラーつきのクラブ」ならともかく、一流ホテルの宴会場でセックスつき集団見合いをやるのか、日本人は、エコノミックアニマルかと思っていたが、それにエロも加わったのか、クレイジーだ、とあきれかえった。さしもの、派手好きで評判芳しくないマルコス大統領（当時）の妻で女帝と呼ばれたイメルダ・マルコスもこの日本人のクレイジー集団は、フィリピンをバカにしている、今後、このような行為は許せないとの談話を発表したほどだ。

この怪事件をきっかけに、マルコス時代末期の治安悪化とともにさしもの日本人「好色」お父さんの数も減少する。それは数字にも明確に現われていて、ピーク時の昭和五十五年（一九八〇）にフィリピンを訪れた約二六万五〇〇〇人（このうち八〇パーセントが男）だった。どうやって調べたかは分明ではないが、AP通信の発表によるとこの日本人観光客の八〇%が、買春目的だったという。この調査が、本物なら約一九万人が、マニラ――大半がマビニ通りを中心としたエルミタ地区――でフィリピーナを相手に熱戦を展開したことになる。十九万人といえば、日本でいえば中堅クラスの市の人口である。日本のお父さんも、無茶をしたものだ。

だが、八〇年以降、マニラを訪れる日本人観光客は減少し、八四年には約一五万六〇〇〇人と、八〇年に比べると約一〇万人の減。

ここで日本人の「好色」お父さんが、マビニでどのくらい金をつかったかを試算してみよう。旅費、ホテル代などは別にして三泊四日のコースならその四日間をお父さんたちは、目いっぱいフィリピーナと戯れる。その料金が一人一万円として四万円、そのほかチップ、タクシー代や食事代として一万円はつかう。合計すると五万円。それを人数（八四年の推定男の観光客約一二万人）で掛けると六〇億円と数字がはじき出される。八〇年なら約九五億円。いやあ、お父さんのむき出しにいえば〝セックス料〟が、こんな巨額になろうとは……驚きである。

なお、八四年に、日本がフィリピンにODAで無償援助している金額が年間約七三億円。それにほぼ匹敵する額を、日本の「好色」お父さんは、いとしのフィリピーナに渡しているのだ。一人ODA恐るべし……といったところ。

だが、マニラに落ちるはずのその大金が減少し始めた。八〇年と八四年にかけての減少額がなんと一〇億円。フィリピーナは、日本人観光客の減少を肌で感じ、ブローカーやもろもろの業者は入ってくる具体的な金額で知った。

ならば……来ないならこっちから行く、と思ったかどうか。フィリピーナが、それこそ団体で海を渡り日本へ来るようになったのである。明治、大正、昭和の戦前、身体ひとつでシンガポール、フィリピンなどのアジアに出稼ぎ売春に行った〝唐ゆきさん〟をもじっての〝ジャパゆきさん〟の開始である。

もっとも、フィリピンからはこの〝ジャパゆきさん〟に先立って、さしずめ〝ジャパゆきくん〟であるフィリピンバンドの連中が昭和四十年代後半から、その器用さと長時間演奏もいとわないタフさを買われて、ダンスホール、ナイトクラブなど日本の店に出稼ぎに来ていた。

恐らくそのフィリピンバンドを扱う日本人の芸能ブローカーが「フィリピンには、日本人に人気のあるフィリピーナがいるじゃないか。フィリピーナに接客させれば、店は大繁昌する。よし、フィリピーナを日本に送りこもう」と読んだのであろう。

橋わたし役のブローカーは、フィリピンバンドで興行（芸能）ビザの取得は手慣れたもの。

来日するフィリピーナに歌手やダンサーの資格を持たせ、芸能人として日本に入国させたのだ。この芸能人たちが、全国の盛り場でホステスとして働き出したのだが、その人気たるやまさに「全国区」。報告したように今日まで全国各地の市町村で〝いとしのフィリピーナ〟として働き続けているのだ。

ただし、フィリピーナのなかにも、興行ビザを取得せずに観光ビザで来日、期限が切れても、そのままホステスとして非合法で働き続ける者、ホステスではなく最初から売春する者、タチの悪いブローカーにひっかかってパスポートを取り上げられ、アパートに監禁、売春を余儀なくされる、という者もいたが、概して興行ビザを持つホステスとして日本全国にちらばって働いた。

かくて若手ホステス不足に悩む日本のスナック、バー、クラブなどの経営者と、来日すれば現地より最低でも五倍強の月収五万円が得られるフィリピーナの需要と供給の関係が一致し、ジャパゆきさん全盛時代を迎えたのだ。

その間、日本行きジャパゆきさんの基地となったマビニも様変わりした。大統領がマルコスからアキノに代わったこともあり、経済はいっこうに上昇しなかったが、治安が安定。

日本人観光客も再びマニラに姿を現わすようになった。しかも、「好色」という点では一致するこれら日本人観光客が、かつてのように欲望むき出しの「置屋」時代とは異なり、マニラでも日本スタイルの遊び方を楽しむようになったのだ。

それには、カラオケの登場が大きな要因となっている。カラオケは、戦後、日本で発明され、世界に広がった機械だが、歌好きならフィリピン人も負けてはいない。現在では、大都市マニラは当然のこととしてフィリピンの田舎町の食堂にもカラオケセットが置かれ、そこに集まる男女がカラオケを楽しんでいるほどだ。さらに、フィリピンでのこのカラオケ人気は、刑務所にまで及び、戦後、太平洋戦争の責任を問われた日本人戦犯たちが収容された刑務所として日本でも著名なモンテンルパ刑務所でも、平成の現在、日本円にして一曲一〇円で、持ちこまれたカラオケセットで服役囚たちが熱唱しているほどだ。

マビニに話を戻すと、このカラオケの普及により、この盛り場にカラオケバー、カラオケクラブが誕生。そのカラオケバー、クラブで日本行きを熱望するフィリピーナが働き始めた。

それまでの売春をメインとする「置屋」「マジックミラー付きクラブ」に比べ、新しく登場したカラオケバー、カラオケクラブは、日本流にゆったりと椅子に座われるうえに両脇にはフィリピーナ、前に酒と日本のバーやクラブと接客スタイルは、まったく変わらない。それでいて、マビニでのこの種の店の料金は、現在でも平均一人当たり二〇〇〇円と〝格安〟。酒はうまいし、ネエちゃんはきれい、ワァ、ワァ……とお父さん世代ならついつい破目をはずしそうな雰囲気。

九〇年初頭に、筆者が暇を持てあまし、その数をカウントするとマビニ通りを中心に、デル・ピラール、マラテなど日本人観光客を相手にするカラオケバー、カラオケクラブの数は一〇〇軒を超えていたほどだ。その後、このカラオケバー、クラブ人気は衰えることなく現在でも続き、マビニ通りのあるエルミタ地区はおろかパサイ、マカティ、ケソンなどのマニラ市内の盛り場、さらにセブ、ネグロス、ミンダナオなどの諸島、ミンドロ島、パラワン島などのリゾート地帯にもカラオケクラブが盛大に営業しているほどだ。

日本人の遊びでカラオケほど諸外国でヒットしたものは珍しい。しかも、カラオケクラブで働くフィリピーナにも、カラオケは大歓迎なのだ。

日本行きの経験者、日本行きを熱望するフィリピーナが、マビニのカラオケクラブでは接客するが、日本語能力に差がある。日本人客が、タガログ語や英語が堪能なら問題ないが、観光客にはそういう者は少ない。そこで、たいがいフィリピーナはカタコトの日本語で「フィリピン、何度ですか？　そうですか。アコ（私）、イバラギ、行ったことあります」程度の会話しかできない。そこで、カラオケが強力な味方になる。「シャチョーさん、歌、どうですか？　エンカ、だいじょうぶ。浪花恋しぐれ、二人の大阪、デュエットします、アコ（私）、歌えます」。

歌好きの日本人は多いのでこうやって歌を勧めると、カラオケが始まる。始まれば、フィリピーナは歌う客とともに、店にしつらえられたステージに上り、デュエットするかソロなら隣で聞きほれる顔をする。

カラオケのおかげでフィリピーナは、苦手の会話が少なくてすむのだ。そのうえ、カラオケバー、カラオケクラブで働くフィリピーナは、ホステスではなくタレントでありエンターティナーだから、売春という店外デイトに応じないフィリピーナがほとんど。

ただし、客と恋愛すれば、店外デイトもするのだが、これも日本の通常のバー、クラブと同じ。だが、一見客の日本のお父さんが、簡単に口説き落とせるわけがない。しかも、マビニのカラオケクラブも日本スタイルを真似て、一緒に店に入る「同伴」や閉店後、食事をともにする「アフター」を働くフィリピーナに勧め、そうすればせいぜい五〇〇円単位だが、給料とは別に金を払う店が多い。ちなみに、〇八年現在、こういうカラオケクラブで働くフィリピーナの平均日給は、日本円にして一五〇円。食費、交通費も自己負担だから、「同伴」や「アフター」に励んでも月に一万円稼ぐのは容易ではない。これに対して日本に行けば、最低でも月に五〇〇ドル（約五万円）になるほか食費、交通費、衣裳代は、店が負担してくれる。

同じ仕事をして、これだけ収入格差があれば、フィリピーナが日本行きを熱望するのは当然であろう。

この「日本へ行けば金になる」は、大仰でなくフィリピン全土に知れ渡り、そのためにはマニラ、とりわけマビニのカラオケクラブに行けば日本行きのチャンスがある、とフィリピン最南端のミンダナオ島など全国からフィリピーナが集まって来た。なかには、ミンダナオ島から知り合いのいるネグロス島でとりあえず働き、そこからマニラのあるルソン島の港町パタンガスまで来て、二年がかりでやっとマビニにたどり着いたという根性者のフィリピーナもいるほどだ。

そんな思いまでして、日本行きのチャンスをつかまなくともフィリピン国内に、適当な仕事があるだろうとフィリピンの仕事事情を知らなければそう思う。ところが、ごく一部のエリート層を除けば、悲しいほどフィリピンでは仕事がないのだ。あっても、名前の通った大学卒でも、せいぜい月給が日本円にして一万円を超える程度。

かくて、日本行きのフィリピーナもそうだが、フィリピンの男女は、海外に仕事を求める。代々のフィリピン政府は、我の経済政策の無能さは棚に上げて、国民に「国ではなんともならないので海外で稼いで」と海外出稼ぎを奨励。それはマルコス時代から開始され、八三年には約三八万人が、海外に出稼ぎに出ている。ただし、この数字は、政府が把握しているもので観光ビザやあるいは海外にいる親戚呼び寄せで働いている者を合わせると、年間に一〇〇万のフィリピン人が、海外で稼いでいるというのが通説になっているほどだ。それが、現在でも続いているのだが、そこで冗談好きのフィリピン人は、笑って、「フィリピンの男は中東へ、女は日本へ行き、残っているのは代々の大統領の取り巻きだけ。だからフィリピン人を探すなら海外に行けばいい」というのだ。

もちろん、この話は大仰だが、政府の公式発表でも、国民の一〇パーセント強が、海外に出稼ぎに行っているのは事実。つまり、一〇〇人に一人が、フィリピンを離れて海外で稼ぎ、その送金や持ち帰った金で、家族が生活しているのだ。

ジャパゆきさんも、誰かが海外で稼がないと一家の生活が成り立たないことをよく知っている。しかも、紹介したように、七〇年代後半から本格的に開始されたジャパゆきさんは、かれこれ四〇年の歴史を持つ。ジャパゆきさんの人数を年間平均三万人と計算すれば、四〇年で九〇万人にも及ぶ。

それだけの歴史があれば、姉妹は当然のこととして親娘もいれば、親、娘、孫三代に渡るジャパゆきさんも存在するのだ。さらに、彼女たちには、親戚もいれば友人もいる。その結果、フィリピンのそこかしこでジャパゆき成功物語が、語り伝えられている。たとえば——

◯セブ島出身のマルガリータは、十八歳のときマビニに出てきて日本行きのチャンスをつかんだ。神奈川を皮切りに延べ五度、日本へ行き、貯めたお金が二万ドル（約二〇〇万円）。

そのお金でセブ島に小さな家を建てた。それを見て、すぐ下の妹も日本へ。妹は、栃木でクラブ勤めのほかコンパニオンもして、一万ドル（約一〇〇万円）を貯め、帰国。二回目は一番下の妹も誘い、日本へ。コンパニオン時代の顔で栃木のクラブでチーママも務め、妹と合わせて、一万五〇〇〇ドル（約一五〇万円）を稼いだ。最初に日本へ行った一番上の姉は、妹たちが稼いでいるのを見て、二十代後半になっていたが、来日、東京で働き出した。その際、興行ビザでなく、叔母が日本人と結婚しているので親戚呼び寄せビザを取得。興行ビザだとブローカー経由となり、日本での収入が低くなることを知っていたからである。親戚呼び寄せビザなら直接、店と交渉し、日本人に準じる収入が得られる。しかも、彼女は、日本語の日常会話に不自由しないうえに五度の来日により、ホステスとしてもベテラン。容姿もナミ以上であり、店と交渉し、月収二五万円とフィリピーナとしては破格の収入を得ることに成功。二年間、働き、貯めた金が三万ドル（約三〇〇万円）。

その金と妹二人が貯めた金で、セブ島に四階建てのビルを建て、一階がレストラン、二階から四階が、両親、弟妹、叔母、いとこなど合わせて一八名のファミリーの住まいにしたのだ。地元の人がそのビルを「ジャパゆきハウス」と名づけた。

マニラはおろかアジア最大のスラム街といわれるトンド地区は、ゴミの山に勝手に住みついた者たちが、ありあわせの木材、トタンなどでバラックを建て、不法滞在したところである。さすがにフィリピン政府も、放置しておくわけにはいかず、現在では、日本の団地のような建物を建築、家賃を払えるトンド地区の住民をそこに住まわせている。だが、その団地もいつの間にかスラム化。不景気でろくな仕事もない島から、マニラに行けば何とかなると家族ぐるみで移住してきた者たちが、マニラに来たはいいものの、聞くと見るとでは大違い。仕事にありつけず、流れついたのがトンド地区。当初は、日本円にして二〇〇〇円ほど家賃を払っていたが、それも払えなくなる。そこで、二家族が一部屋に共同で住むありさま。なにせ、貧乏人の子だくさん、十数名の者が一緒に住めば、部屋のなかは荒れ放題となってしまう。

そういうトンド地区から「家貧しくて孝子出ず」のフィリピン版が誕生する。ジャッキーがその〝孝子〟の一人である。ジャッキーは、レイテ島出身で、六人兄妹の長女。地元の高校卒業後、十八歳で高校の同級生と結婚、十九歳で女の子をもうけたが、夫はマニラに行ってくる、と出て行ったきり帰ってこない。地元では仕事がないうえ、もともと漁師だった父親は身体をこわし、長い失業中。母親が市場の手伝いをして細々と暮している家庭環境。それなのに続々と弟、妹が誕生し、当人も子持ちとなった。このままでは暮して行けない、と遠い親戚がいるマニラへ。だが、マニラでもウエイトレスくらいしか仕事がなく、家賃の安いトンド地区へ。母親が近くの市場に働きに出、父親も時折、工事現場の手伝いの仕事に就いた。だが、それでは生活するのがやっと。

ジャッキーは、レイテ島の高校では、美貌のバトンガールとしてならした容姿の持ち主。トンド近くのスーパーマーケットで買物をしているところを、マビニのカラオケクラブのボーイに働いてみないかとスカウトされた。日本人向けのカラオケクラブのことは人から聞いて知っていたが、〝人買い〟ではないかと不安があった。

だが、日本円にして一五〇〇円、安いとはいえ日給払いをしてくれる、との説明を受け、仕事のない身、背に腹は代えられず、とにもかくにも働いてみよう、と決意。ところが、カラオケクラブで働き出すと、自分がこの接客業という仕事に合っていることに気付いた。となると、ローマ字で歌詞を覚える、客にひらがなを教わる、などと自発的に日本語の勉強を開始。客も、日本人経営者――フィリピンでは、帰化しないかぎり経営権は認めないので、書類上は、彼の愛人であるフィリピーナが社長――も彼女をひいきにするようになった。そうなれば、ジャッキーもますます日本語学習並びに酔っ払い日本人の好色さをうまくかわす手も覚えた。そして、日本人ホステス並みの、触れなば落ちんテクニックを身につける。この店の日本人経営者はブローカーを兼ねていたので彼女を日本の店に紹介。それが青森の店だったので初めて体験する日本の寒さにふるえ上がったが、それにも耐え、明るく、元気なフィリピーナとして人気者に。連続して、興行ビザは発給されないので、半年間置いて、再度青森の同じ店で働いた。その間、収入の九割はトンドの家に送り、日本での生活は、残りの一割とチップでまかなった。化粧品も日本人のお姉さんホステスからもらい、洋服もお下がり、とほとんど金をつかわずに日本では過ごした。

マニラのカラオケクラブで日本行きを待機している間も、一切むだづかいをしないとフィリピン版〝おしん〟のような生活。

日本には都合四度行った。すぐ下の妹にも日本行きを勧め、マビニの店で働かせてみたが、こういう仕事は向き、不向きがあり、妹は向いていなかった。客が酔っ払って身体を触りまくるのが、妹にはがまんできなかったのだ。妹は、日本行きの代わりに中東で家事手伝いの仕事を見つけ、一年間、中東で働いた。かくて、ジャッキーの一家は、ジャッキーと妹が二人、働いたことにより、トンド地区のアパート二部屋を借りることができたのである。そして、一番下の妹が、美容師を目指して勉強中。姉二人は、妹が美容師の資格を取得すれば、資金を出しあって美容院を開かせる予定。小さな美容院なら日本円にして一〇〇万円もあれば、開店できるのでジャッキーと妹が、日本、中東へ出稼ぎに行けば、可能である。なお、ジャッキーの先輩に当たるジャパゆき経験者のなかには、小資本で持てる美容院、食堂、サリサリストアと呼ばれる日常生活品なら飲料、食料、雑貨など何でも扱うミニ・コンビニを開いている者が多く、妹の美容院がスタートする前にジャッキーもサリサリストアを開くつもりだ。

このほか日本人と組み、日本円で一〇〇〇万円ほどの投資を受けてカラオケクラブを共同経営する者、アパートを建てる者、日本に滞在するフィリピーナに母国の化粧品、食物などを提供する貿易を手掛ける事業家などなどジャパゆき経験者の成功物語はよく聞かされる。

だが、成功者ばかりではなく、悪徳ブローカーにひっかかり、売春を強要されたが、ろくな収入にならなかったケースもあればタチの悪い男に惚れ、子供を産んでしまったとかさまざまなジャパゆき失敗物語もある。

とはいえ万事に楽天的な者が多いフィリピンでは、とにもかくにも「日本に行けば金になる」という認識に揺るぎはなく、延べにすれば四〇年以上もフィリピンからのジャパゆきさんは絶えることなく続いているのだ。

しかも、日本全国の盛り場に、フィリピーナファンが続出。とりわけ、お父さん世代には、フィリピーナは抜群の人気を得ている。そのお父さん世代が、先に紹介したようなフィリピーナが、家族のため、がまん、がまんの〝おしん〟話をするとつい昔の自分を思い出す。

■「マニラ病」「フィリピン病」

高度経済成長を迎える以前の一昔前の日本では貧乏が当たり前で、家のために中学を出たばかりの少年、少女たちが故郷を離れて都会へ集団就職する涙、ナミダの春は日常的な姿であった。そういう時代に育った世代の者は、フィリピーナの語る〝おしん暮し〟を聞いていると、一昔前を思い出し、ついつい身につまされる。しかも相手は異国の二十歳も離れた若く魅力的な娘であり、気のせいかうっとりした眼で自分を見ている。

同じ年齢差がある日本人の娘だと「別にぃ～」とか「ウザいんだよな」と意味不明なことばを発し、会話不能になってしまう。それと同じ年頃なのにフィリピーナは、必死で覚えたであろう日本語で訴える。

お父さん世代は一肌脱いでやろう、という気持ちになる。といっても、お父さんにも当然、色気はある。あわよくば、目の前にいる、小麦色の肌をし、スタイル抜群のフィリピーナを我がものにしたいと熱望。そのためにせっせとフィリピンパブ、クラブ、スナックに通い、「同伴」や「アフター」につき合う。

これを「マニラ病」とも「フィリピン病」ともいう。この病いにかかるのは、お父さん世代だけでなく、真面目で地味、気のきいた会話をできないせいで日本人の娘と縁の薄い勤労青年、中年も、万事に愛想よくおよそ屈託を知らないフィリピーナに魅かれ、お父さん世代と同じように「マニラ病」「フィリピン病」にかかるのだ。

この病にかかった者たちは、半年間働いてフィリピンに帰国するフィリピーナを追ってマニラ詣でを開始するのが通例。そのため、九〇年代の半ば頃からフィリピン行きの機中の雰囲気に変化が生じた。それまでの機中は、一言でいうと、よし、マニラで姉ちゃんを買うぞ、とはしゃぐお父さんたちの好色熱で機中がムンムンだった。それが、好色派のお父さん世代が減少し、勤労青年や中年のフィリピン慣れしている人や、あるいは初心者風がフィリピンガイドを熟読している姿が目につくようになった。

マニラに着くと彼らは、日本で知り合ったフィリピーナを訪ねていくのだが、そのフィリピーナが空港に迎えに来ている者、国内線に乗り換えてお目当てのフィリピーナが住む他の島に行く者とさまざまだが、大半は、帰国後、次の日本行きのチャンスを待っているフィリピーナが働くマビニなどのカラオケクラブを訪ねる。

もちろん、お土産を持参し、フィリピンまで来てくれたのでフィリピーナは大歓迎。しかも、彼女たちは日本国内とは違い、店に管理されてないので、昼間なら時間もたっぷりとれる。市内観光、リゾート地帯までつき合ってくれる。

その結果、フィリピーナとうまくベッドインできる者もいれば、うまくいかない者、お目当てのフィリピーナに夫や子供がいることが分かり、すごすごと日本に帰る者とさまざま。いずれにせよ、こういう「マニラ病」「フィリピン病」にかかっている者がいるかぎり、マビニのカラオケクラブでは、商売に困らないわけである。

それが約二〇年も続いている。そのうえ、カラオケクラブそのものがすっかりフィリピンでも定着。フィリピン人で生活の余裕のある者や外国人――とりわけ韓国人――もカラオケクラブでの上得意になったのだ。日本独特の遊び場であったカラオケクラブが、インターナショナルなもの、となり、盛況中なのである。

そして、「マニラ病」「フィリピン病」にかかったお父さん世代、勤労青年、中年が、マニラに通いつめていれば、遊びから結婚に発展するカップルが出てくるのは当然。その結婚もいざ暮し始めると同国人どうしでも難しいのに、異国から妻を迎えれば、生活、習慣が異なるゆえにその大変さはいやます。とりわけ、年齢差が、二十歳以上のお父さん世代とフィリピーナの結婚生活は、さまざまの悲喜劇が生じているのだが、それらを逐一報告する余裕はない。

ただし、お父さん世代にとって朗報もある。「マニラ病」「フィリピン病」にかかろうが、恐らく人生のラストチャンスで若いフィリピーナと暮せるのだ。退職金をつぎこみ、古い女房や子供と別れ、「好色」の道を選んだその結果、かりに「金の切れ目が縁の切れ目」で、フィリピーナに棄てられ、フィリピンで孤独死を遂げようが、それもまた一局の人生。もって瞑すべし……。

ところが、このジャパゆきさんを通じての「日比民間交流ルート」に、待ったが、かかったのである。〇四年、日本政府は、アメリカ（国連）の「ジャパゆきさん」は人身売買につながる可能性がある、との指摘を受け、ご説、ごもっともとばかりにフィリピーナら外国人に対する興行ビザの見直しを発表。今後は、本物の歌手、ダンサーにしか興行ビザを発給しないとしたのである。つまり、今後、歌手やダンサーの資格で来日し、ホステスをしているフィリピーナは、認めない、と言ってのけたのだ。なにをいまさらこの四十年間、〝建前〟は歌手、ダンサー、〝本音〟はホステスでおたがいにうまくやってきたではないか、という全国各地のバー、クラブやプロモーター並びにフィリピーナファンが怒ってはみたが、そこは古来より「泣く子と地頭には勝てぬ」のが日本である。

なにせ、親方アメリカの命令だ。政府はうむをいわせずに興行ビザ発給の見直しに着手。その結果、フィリピンを例にとれば〇四年八万五四三八件の興行ビザが発給されていたのが、〇五年には四万七〇九九件と半減し、翌〇六年には八七一六件と〇四年の一〇分の一になったのだ。

フィリピーナを置く全国各地のスナック、バー、クラブなどではパニックに襲われた。このままだとフィリピーナ不足で店を閉めざるを得ない……との悲鳴が各地から上がり、現実、店を閉めるところまで現れたのだ。もちろん、当のフィリピーナも「何も悪いことしてないよ。モンキービジネス（売春）してないよ。どうして、日本、来られない」と不満の声を上げたが、こんな声が届くわけがない。日本政府は弱い者には強いのである。

だが、フィリピーナ並びにジャパゆき関連業者は打たれ強い。興行ビザがダメなら、日本人と結婚したフィリピーナが親・兄妹、叔父、叔母、いとこなどを来日させることのできる通称呼び寄せビザ、日本人との間に子供をもうけたが、離婚。その後、日本に滞在する資格を持つフィリピーナやあるいは書類上結婚——はっきりいうと偽装結婚——などの手を使い、フィリピーナを店で働かせているようだ。

なお、在留外国人の数を調べると（留学、研修、興行、永住、定住などの正式滞在資格を持つ者）、フィリピン人は約二〇万人と、中国（約六〇万人）、韓国、朝鮮（約五九万人）、ブラジル（約三一万人）に次いで四番目に多い。このうち、就学生、留学生、研修生などの多い中国を除くと、韓国、朝鮮は戦前からの歴史でいわゆる「在日」として永住・定住しているので人数が多い。ブラジルは、日本人の祖父、父を持つ者を日本人並みの待遇としたほか、かつて移民して渡った者たちのいわゆる〝出稼ぎUターン〟が急増したためである。

フィリピン以下は、ペルー（約六万人、ブラジルと同様の理由）、アメリカ（約五万人）、タイ、ベトナム、インドネシア、インドと続く。

紹介した国際結婚の人数といい、この正式滞在の在留外国人の数といい、日本とフィリピンの間には深い縁が生じていることがよく分かる。いまやフィリピンと日本は、ごく近い間柄であるといえよう。だが、それもこれも日本とフィリピンの間に経済格差があるゆえだ。

したがって、誰でも自国を離れ、他の国に出稼ぎやあるいは移住したいわけではないので、フィリピンと日本の間の経済格差が縮まるかあるいはなくなるか、要するにフィリピンの経済が飛躍的に上昇しないかぎり、フィリピーナは日本にやってきて、日本の盛り場でその魅力をふりまき「マニラ病」「フィリピン病」患者を増やし続けることになる。

そして、これまでのフィリピンの政治、経済、社会を見るかぎり、この国が中国のように飛躍的に経済上昇する可能性は、きわめて少ないといえる。さらにいえば、いっこうに経済力がアップせず、常に混沌というか、なるようにしかならないゆるい雰囲気が漂うところが、フィリピンの魅力でもあるのだ。こういうと、フィリピーナ好きのお父さん世代は、そうだ、あくせくせず、物事を深く考えず、家族の誰かが働けばいい、と毎日を明るく元気よく暮しているのがフィリピーナの良さだと拍手してくれるだろう。

なにせ、いつまで続くか分からないが、日本の年金があれば、フィリピンでは、日本で定年退職後、人生をリセット、一念発起してフィリピーナと結婚、悠然と新しい暮しがスタートできるのだ……。

フィリピーナ遊びが、老後の日本人に楽しみの一つを与えてくれたことに拍手である。

■中国人女性とお父さんが出会った

北京オリンピック。壮大というか巨大なハッタリというか……。とにもかくにも、中国は世界に現在の力が世界有数のものであることを誇示してみせた。

その中国人たちが、日本の盛り場に姿を見せたのが、いまから二五年前の一九八四年のこと。当時の中曽根康弘首相が、中国がそれまでの閉鎖体質から開放政策に変化するのを見て、ならば、我が日本で中国の学生を引き受けようと「留学生一〇万人」構想をぶち上げたのだ。万事に派手なパフォーマンスの好きな中曽根首相のこの構想はただちに実行に移された。

といっても、中国からいきなり留学生一〇万人と言われても受け入れ体制が整備されていないうえに、日本の大学の講義を理解できる程度の日本語を習得している中国人学生が一〇万人もいるわけではない。だが、首相の公式発言を無視するわけにはいかない。

そこで、当時の文部省官僚は、知恵を絞り、とりあえず日本語学校に入学、そこで日本語を学んだのちに、学力や専門によって専門学校、短大、四年制大学に進むコースを作った。

そのためには外国人（中国人）を受け入れる日本語学校の充実が先決だとして、日本語学校の新設。さらに、法務省（当時）は、それまで複雑な手続きが必要だった日本語学校の入学手続きを簡略化した。

こういうお膳立てをしておいて、中曽根構想の中国人留学生を受け入れたのだ。それは数字にはっきり現れていて、中国からの就学生（日本語学校生徒）の数が八四年には二五一人だったのが、八六年には二一二六人、八八年には二万八二五六人と倍々ゲームで増加したのだ。

そして、新宿、池袋などの盛り場に中国人の男女が溢れるようになった。だが、入学金と年間の授業料合わせて、当時で年間五〇～七〇万円からの費用がかかる日本語学校。そのほか衣食住の金も必要なので、どう計算しても最低でも年間一〇〇万円かかる。

そんな大金を当時の平均月収四〇〇〇円から六〇〇〇円の中国人が、負担できるのか。ちなみに、当時、中国の最高権力者鄧小平の表向きの月収は約二万四〇〇〇円。こんな国から生活費込みで年間一〇〇万円もかかる日本語学校に入学するのはなぜか。日本の学校がそんなに魅力的なのか。こんな疑問を解く鍵があるはずだ。

その疑問は中国からの就学生たちが、ちゃんとソロバンをはじいて入学していたことが、すぐに判明した。日本語学校に入学するや否や就学生たちは、アルバイトを開始したのだ。大ざっぱにいうと、女性はバー、クラブなどの水商売、男性は各種の肉体労働現場やサービス業が、そのアルバイト先だった。

男性は、現場労働者不足だった日本ですぐに仕事が見つかったが、女性も目新しい外国人ホステスとして、スナック、バー、クラブなどで引っ張りだこになった。その結果、生活費込みで一〇〇万円を負担し日本語学校に入学しても、アルバイトさえ順調に務めれば、その一〇〇万円は、約一年間ですぐに取り戻せ、さらに日本語学校から専門学校、短大と進めば、平均すれば年間一〇〇万円以上貯金する者が続出したのだ。

つまり、日本に行けば金になる……ことが立証され、そうやって貯金して中国に帰国した者を「日本客」と呼んだのである。さすが、金儲けのDNAを持つ中国民族と盛り場でも話題になった。

しかも、突如、バー、クラブなどの水商売にデビューした中国女性たちを客が喜んで受け入れたのである。その理由に、彼女たちがまず珍しかったことが挙げられる。

なにせそれまでベールに包まれていた社会主義国中国から一般人が、日本にやってきたこと。いったい、中国ではどんな暮しをしているのか、食物は……仕事は……性は……、客によって興味対象は違うが、とにかく中国のことを知りたいという共通点があった。

その当時、中国にはもちろん、バー、スナック、クラブなどのいわゆる水商売もなく、売春を含むフーゾクも存在しないことになっている。

そんな国からやって来た中国人女性が日本の水商売でホステスとして働く。日本語学校に通っているので、多少の日本語は理解できる。しかし、難しい話題は彼女たちの日本語能力ではついていけないので、同じ漢字（正確にいうと異なるが）を使う者どうしだからと筆談をする。その筆談も酒が入っているので「我欲貴女性価」「中国何処性交場所」「今夜愛情旅館同行」などと、お父さんたちは好色まる出しの問いを。中国の女性たちは、それを見て表情を硬くするのがおもしろいとお父さんたちは喜ぶ。とにかく、当初は、盛り場に現われたパンダ扱いだったのである。しかし、最初は肩に手を置かれたり、膝に触れるだけでビクッとしていた中国女性たちも、時間の経過とともにしだいに日本の水商売に慣れてきた。そのうえ、彼女たちの根性はハンパなものではない。一日のスケジュールを訊くと、午前中、学校。昼休みを挟んで午後、喫茶店のウエイトレス。夕方からクラブホステス勤務。終了後、週に三回、深夜クラブで朝まで働く……。早朝、帰宅。仮眠、学校。

週日は、平均睡眠時間三時間、移動の交通機関でうたた寝をして、日曜日のみ爆睡という、まさに時は金なり……の働きっぷりだ。

さらに、クラブでのホステスより性感マッサージなどピンク度のより高い仕事のほうが時給が高いと分かるや、そちらに移動する中国ピンク娘も登場。この業種でも、物珍しさが客に受けるや、北京マッサージや上海エステの看板が立ち並ぶようになった。

フーゾクなんでもありの、バブル期に日本が向かっていたこともあり、中国女性の水商売の需要もうなぎ上り。そうなれば、国で借金をしてでも日本へ、日本へと中国から就学生が押し寄せてきた。極論すれば「要銭不要命」の精神だ。

受け入れ側の日本語学校や短大なども中国人にバイト先を斡旋するなど最大の便宜を図った。そうすれば、入学金と年間の授業料が確保できるからである。極端なケースでは、東北地方の短大に籍だけを置き、団体で東京の新宿・歌舞伎町で働く就学生が現われるしまつだった。

だが、中国人たちには根性があり過ぎた。バブルの崩壊により水商売、フーゾクとも不景気になった側面もあるが、中国人——とりわけ男性——が、出身地の違いで内輪もめを開始。とりわけ、女性が少ない福建省の男たちが、日本への先行組で女性の多い北京、上海出身者と対立。北京・上海出身の女性がママとなり、日本人と共同経営する店や自宅を襲うなどの事件を引き起こした。その中国人どうしの対立抗争のピークが、九四年の歌舞伎町での殺傷沙汰の「青竜刀事件」だった。いかに「好色」お父さんとはいえ生命あってのものだね、さすがに中国人は恐い、と中国女性を敬遠するようになった。かくて、猛威をふるった水商売、フーゾクでの中国人ブームも去ったのである。その後、中国人男女の〝基地〟となっていた新宿・歌舞伎町は、二〇〇〇年以降、警察による大規模な浄化作戦が展開され、路上でのパスポートチェックなど外国人――とりわけ中国人――は不法滞在や資格外活動をしていないかと徹底チェックにあった。そこで、中国人たちは、錦糸町など都内の盛り場に移動したが、そこでも警察の取締りにあうなど働くのも容易でない状況が続いているのだ。

追っかけお父さんも出現した東欧系女性

中国人たちとほぼ同時期に、都内、六本木など一見おしゃれな盛り場でデビューしたのが、ロシアなどの旧ソ連勢にルーマニアなど旧東欧系の女性たち。同じ女性でもフィリピン、中国のアジア勢とは異なり、古い表現だと紅毛碧眼の外国人。その外国人にお酌をしてもらえる物珍しさに、客は集まった。しかし、ロシア語に堪能な日本人は数少なく、彼女たちも「こんばんは、アンナです。よろしくお願い」程度の日本語しか分からず、会話は成立しない。そのうえ、この旧ソ連、東欧勢は、フィリピーナと同じく興行ビザを取得して来日しているので、警察の手前もあり、ダンスショーなどを披露してみせるが、しょせん素人芸。それでも、旧ソ連、東欧は、社会主義体制崩壊後の混乱状況から国外への出稼ぎが相次ぎ、しかも、女性たちも美女が揃っていることから、新宿などでも「ロシアクラブ」「ルーマニアクラブ」がオープン。なかには客が集まらないと、トップレスダンサーを置くクラブもあったが、長続きする店は少なかった。物珍しさと新鮮さが薄れると、接客のできないロシアやルーマニアのホステスがいるだけでは客を集めることができなかったのだ。ただし、この種の外国人クラブには熱狂的なファンがつくのが通例。興行ビザの有効滞在期間である六ヶ月間が経過すると、彼女たちはそれぞれの国に帰るのだが、そのあとを追う〝追っかけお父さん〟もいるのだ。

■フーゾクバブルで中南米女性もやって来た

チリ、ペルー、コロンビアなどの中南米勢は、フィリピーナと同じ時代から日本に出稼ぎに来ていたが、言語の壁と当人たちがホステスを務める気がなかったので、バーやクラブ勤めする女性はほとんどいなかった。しかも、彼女たちには、日本に送りこむ専門ルートがあった。それは、現地で娼婦をスカウト、観光ビザで来日させ、もっぱら全国のストリップ小屋に、踊り子として送り込むルートだ。

ストリップも、脱ぐだけから時代とともにピンク度をエスカレート。八〇年代には、それが行くところまで行った〝ナマ板ホンバン〟となっていたのだ。〝ナマ板ホンバン〟は、ステージの上で踊り子と客が文字通り〝ホンバン〟行為をいたすもので、この国に売防法ってあったっけ、という堂々の売春。しかも、希望する客が多いために、希望者どうしがジャンケンをし、それに勝った者が踊り子と〝ホンバン〟ができるという仕組み。ステージ上でズボンと下着を脱いだ客が、汚い尻を出して踊り子にいどむ……。これがショーか。その光景にゲンナリする者は、ストリップから離れていったが、熱心なマニアはストリップに通い、ジャンケンに参加したのだ。なにせ、ストリップの入場料は、せいぜい二〇〇〇～三〇〇〇円。そんな〝低価格〟で〝ホンバン〟ができるとあれば、喜んでストリップ小屋に行く。

その相手を務める踊り子は、日本人なら超ベテランの踊り子だったが、しだいにその超ベテランが〝退場〟し、代わって主として中南米勢がその役割を果たしたのである。彼女たちが、なぜ、そんな仕事を選んだかは、いうまでもなく金。母国では得ることのできない日本円にして月に一〇万円を超えた金が入ったからである。それにしてもフィリピーナの五万円、ストリッパーの一〇万円は、ピンハネ率がすさまじい。つい、もっと払ってやれよ、と野次がとぶほどだ。

〝ナマ板ホンバン〟どころかストリップは、さらにその過激度というかムチャクチャさを増した。暴れん坊将軍でもあるまいし、舞台に馬（小型のポニー）を上げ、そこで〝獣姦ショー〟（さすがに馬が〝ホンバン〟を拒否？ したそうだが）を演じたのだ。

さすがに馬まで出てきたストリップを放置できない、と判断したのであろう。当局は、公然ワイセツの容疑でストリップ小屋の摘発に乗り出した。しだいに八〇年代の半ば頃から〝ナマ板ホンバン〟は姿を消し、その相手をしていた南米勢も減少していったのだが、バブル期に彼女たちは、突然、姿を街頭に現わしたのだ。

東京でいうと新宿・歌舞伎町の裏手に当たる山手線の大久保駅周辺の路上に中・南米勢がずらりと立ち並んだのである。その場で客に声をかけ、〝商談〟が成立すれば近くのラブホテルへ行くという、街娼の世界だ。敗戦後、ガード下などでたたずみ、米兵の袖を引いた光景以来のことだ。

まさにフーゾクバブル。しかも、この街娼たちは、都内でいうと新宿（大久保）から池袋、錦糸町と他の盛り場にも現われたのである。しかも、そのガード役が、イランなどのアラブ圏の男たちだった。インターナショナルというか、とにかく、何でもありのバブル時代を象徴していた。だが、バブル崩壊、警察の取締りの強化にあい、南米勢を主力とする街娼たちは姿を消す。しかし、彼女たちが日本からいなくなったわけではなく、舞台上ではまずければ袖の〝個室〟なら問題はなかろう、と復活したストリップの〝ナマ板ホンバン〟へ。あるいは、後に報告するが、「チョンの間」や「座蒲団売春」と呼ばれる「安直」「安価」を売り物にする売春ゾーンの主役として活躍しているのだ。

■チマチョゴリ姿に出会える韓国クラブ

このほかの外国勢についても簡単に触れておくと——。

韓国勢の盛り場デビューは古く、昭和四十年代から東京・湯島で秘密妓生クラブという形でスタート。もっぱら日本と韓国のＶＩＰたちが利用した、と噂されたほどだ。

一般人が、この韓国クラブを利用するようになったのは、バブル期の直前から。まず、韓国料理店が多く営業している東京・赤坂に、韓国からの留学生を集めたと称する韓国クラブができた。かゆいところに手が届くような密着サービスが売り物の韓国式のもてなしぶりと、異国情緒たっぷりのチマチョゴリ姿が、お父さん世代に受けて大繁昌。なかには祖国をなつかしむ「在日」一世が、韓国から出稼ぎに来ていた二世をひいきにするケースもあって、日本、韓国という二つの国の客から韓国クラブは支持された。韓国クラブの林立に、赤坂はコーリアンタウンと呼ばれるようになったほどだ。

さらに、フーゾク総合地帯である新宿・歌舞伎町にも韓国クラブが新設。さらに大阪、名古屋の大都会でも韓国クラブの営業が開始されたのだが、韓国クラブには高級店が多い。バブル期には、景気のよかった建設・土木・不動産などの業界の者たちが「一座り五万円」だろうが金に糸目をつけずに利用していたが、バブルがはじけるや韓国クラブも衰退してしまい、赤坂もかつてのコーリアンタウンの面影はない。だが、数は少なくなったとはいえ、熱狂的な韓国クラブファンのための韓国クラブは現在でも存在する。

■「速戦即決」のタイクラブ

フィリピーナより遅れてジャパゆきさんとして来日したタイ女性はついていなかった。小柄で愛くるしいタイ女性ファンは多い。それなのに、フィリピーナほど日本ではタイクラブは長続きしなかった。タイ女性がデビューしたのはバブル期を迎える直前の八〇年代後半、新宿だけで一〇〇軒を超えるタイクラブが営業していたのである。しかも、タイ女性を二、三名しか置いていないミニ・クラブから、なんと在籍数一〇〇名を超える大型クラブまでさまざまな形のタイクラブが存在。それらの店が、共存していたのだから当時のタイクラブの人気たるやすさまじいものがあった。

その人気の秘密は、フィリピン、ロシア、ルーマニア、韓国、中国など他の外国人クラブとは異なり、タイクラブが「速戦即決」の営業方法をとっていたからである。つまり、タイクラブの大半が、連れ出しオッケーの営業をしていたのだ。連れ出しはダメでも口説き落とす自信がある者や時間をかけてなじみになり、それからいい思いをしたい、という余裕のあるタイプならフィリピンクラブやロシアクラブに行けばいいが、そんな自信も余裕もない者はどうすればいいのか。

口説くとか時間をかけるとか、そういうまだるっこしいことはしたくない。とにかく思い立ったらすぐにベッドインをしたい。しかも、盛り場に来る客は、大半がそうなのである。でないかぎり、もろもろのフーゾク営業が盛り場で成立するわけがない。

タイクラブは、通常のクラブをフーゾクに変えたのだ。それが、口伝えで広がり、フーゾクとしてのタイクラブが大ヒット。タイからブローカーのルートに乗せられたタイ女性が、どっと日本にやって来た。

彼女たちは、フィリピン、ロシアなどとは異なり、興行ビザ取得など面倒なことはせず観光ビザで来日。観光ビザによる日本滞在中、外国人が日本で仕事に就くことは禁じられているが、それを無視して仕事、しかもホステスという、紹介したようにこれまた法により禁じられていた職種に就くのだ。もっといえば、その職種がホステスとは名ばかりの売春である。

二重三重にも彼女たちは日本の法に違反しているのだが、これもすべて「金」のためである。しかも、いずれ法に違反していることは発覚するので、できるだけ短期間で稼げるだけ稼ごうとする。一晩に複数の客の相手をするのは常識である。

この時期、繁昌しているタイクラブでは、客もタイ女性も〝やる気まんまん〟の熱気に溢れ、日本ではないどこか外国の娼婦の館の雰囲気が漂っていた。そのうえ「質」より「量」というべきかショート五〇〇〇円、ロング七〇〇〇円と〝価格破壊〟である。「好色」お兄さん、お父さんがいさんでタイクラブに通ったのだ。

もちろん、こういうシステムを、当のタイ女性が考えついたわけではない。タイ現地と密接な関係を持つ日本人ブローカーがいて、彼が現地タイのブローカーに連絡をとり、日本行き志望者を探させる。なにせ、当時は〝黄金の国ジパング〟である。日本に行けば、タイで得る収入の約一〇倍を得ることを知っているので応募者は多い。タイのブローカーはそのなかから選び、日本円にして約一〇〇万円の〝権利金〟を日本人ブローカーからもらう。つまり、一〇〇万円で、タイ人女性の〝権利〟を売るわけだ。その一〇〇万円は、来日するタイ女性の借金となる。日本人ブローカーは、タイ女性が日本で一〇〇万円を稼ぐまで、衣、食、住は負担しても一切、賃金は払わない。一〇〇万円の借金を支払い終わったのちに、ブローカー六対タイ女性四の割合ではじめて金を払うシステムになっている。借金の一〇〇万円を返せないうちに、不法滞在などの容疑でタイ女性が逮捕され、タイへ強制送還になれば、ブローカーは貸し金を取りっぱぐれる。だから、彼女たちを目いっぱい働かせ、短期間で一〇〇万円を稼ぎださせるようになる。

さらに、新宿などの都会で扱っているタイ女性の評判——客がつかない——が悪いと判断すれば、地方の店に彼女たち外国人を斡旋するブローカーに依頼し、借金を肩代わりしてもらう。たとえば、五〇万円残っているとすれば、それに二割程度の上乗せをして六〇万円でそのタイ女性の〝権利〟を売るのだ。

そして、新しいブローカーは、斡旋した女性がその六〇万円の借金を返し終わるまでタダ働きをさせるのだ。現代版〝人買い〟の典型だが、そんな目にあいながらもタイ女性は、日本にやってくる。同じ仕事をしても、日本で働けば現地より金になるからだ。

こういうタイ女性の裏事情を知れば知るほど、がんばってくれ、摘発されないでくれ、と我の「好色」は都合よく棚にあげ祈るほかなかったが、タイ女性は不運だった。エイズ騒動の勃発である。いまでは、エイズのことはほとんど話題にならないが、九〇年代、盛り場、とりわけフーゾクの世界では、エイズパニックが走り、いわゆる〝ホンバン〟ありのソープランドなどではエイズを怖れるあまり客が激減した。

そんななかで日本国内でタイ女性のエイズ発覚というニュースが流れたのだ。エイズはタイ女性のみではなかったのに、なぜかタイ女性イコールエイズというイメージのみが独り歩きし、タイクラブブームは一転し、ばたばたとタイクラブが店を閉めたのだ。八五年に約四万四〇〇〇人のタイ人入国者数（うち八割が女性、以下同）だったのが、九四年には約一〇万五〇〇〇人と倍増。これをピークとして、タイ女性の来日は、激減、タイクラブも消滅。代わって、ミャンマー、マレーシアなどの女性も来日するが、タイ女性のようにブーム到来というわけにはいかなかった。

こうやって、フーゾクで働く外国人女性たちの栄枯盛衰を見てきたが、彼女たちはもはや盛り場、フーゾクにはなくてはならない存在となっている。外国人女性ファンも多く登場、フーゾクで知り合った中国女性やフィリピーナと結婚する日本人も増加。そして、日本との経済格差があるかぎり、外国人女性たちは来日し続けるのだ。そうなれば、新しい日本の男性と外国人女性のドラマが生まれるのは確実である。

第三章　線後フーゾク短史

■覗きの変遷

売春を禁じる売防法の施行（昭和三十三年、赤線は廃止され、よって以降を線後時代と呼ぶ）は、確実に日本のフーゾクを変えた。売春――金銭を介在させ、男と女が性行為を行なうこと――は御法度だが、〝売春まがい〟なら法に触れないだろう……との判断のもとに、日本独特のさまざまなフーゾクが誕生した。

性行為は、通常男性器を女性器に挿入することであろう。ならば、挿入しなければ、たとえ金銭が動いても売春にはならないとの理屈が成立する。さらに、女性の肉体を見せる・覗かせる、も公然ワイセツにならないかぎり、これも罪にならないとの解釈も。

ひらたくいうと、お金をとっての〝ホンバン〟はペケ。それ以外の指、手、口そのほかの手段は何であろうとも〝ホンバン〟と同じようにお金をとって射精させても、これは法の許容範囲である……と。ずいぶんあやふやな解釈だが、それが通用するから日本は性＝フーゾクおもしろい。かくて時代、時代で奇想天外な品目が登場する。その一つが、バブル期に新宿・歌舞伎町に出現した「ノーパンシャブシャブ」なるフーゾク。当時の大手都市銀行や大蔵省幹部などが〝愛用〟して話題となったが、そのサービス内容を忘れた人もいることだろう。そこで、再現すると──。

個室に、シャブシャブをメインにする料理が用意され、客はそこに案内される。ミニスカート姿の女子大生など若い女性がサービスを担当、ふつうのシャブシャブ店と同様の順で料理が運ばれるのだが、酒のサービスのみが異なる。なぜか、ウイスキーのボトルが天井から吊り下げる形で用意されていて、そのボトルからウイスキーを注ごうとすれば、ミニスカート姿の従業員は背伸びしなければ届かない。その姿を座椅子に座っている客たちが眺める。ミニスカートを下から覗く形になるが、ミニスカートの下はノーパンティ。絶景かな、絶景かな……でその絶景をもっと眺めたければ、チップをはずめばそれがかなうのだ。

そんなことで大人が喜んでどうする、バカじゃないか……といわれればおっしゃるとおりで、たあいないといえば、こんなたあいのないことはあるまい。だが、悲しいかな、多くの男は、この程度のことで喜ぶのだ。この「ノーパンシャブシャブ」、以前のフーゾクでは「ノーパン喫茶」が人気の的だった。「ノーパン喫茶」は関西が発祥の地だが、それが東京に伝わるとたちまち客が集まった。喫茶店のミニスカート姿のウエイトレスが、ノーパン、かがんでサービスする際、そのノーパン姿が見える……ただそれだけで通常の二倍料金を払って、話のタネと「好色」を満足させるために、男どもは「ノーパン喫茶」に足を運んだ。

いやはや度し難きは男の「好色」よ、というほかないが、「ノーパン喫茶」も「ノーパンシャブシャブ」も覗きに変わりはない。ただし、両者ともに〝営業用〟の覗きである。覗けますよ、と覗く者も覗かれる女性たちも金銭つきの合意のもとに成立している。待合に来る客たちを覗いた荷風の覗きとは違う。

通常、他人が衣服を脱いだり、入浴、排泄行為をしているところ（家屋）を覗くのは軽犯罪法などによって罰せられる。また公衆の面前で裸体になれば、公然ワイセツの罪に問われる。したがって、荷風の覗き行為は、現在でいえばラブホテルの経営者が部屋に隠しカメラを設置、それで覗いているようなものだから、発覚すればこれは罪になるだろう。

その覚悟のうえで荷風のように覗きを実行する者はごくごく少数派、たいがいの者は、覗きたいが、それで逮捕されるような事態は避けたい、と考える。となれば、偶然のチャンス――電車の座席、公園、トイレなどなど――に恵まれるしかないと思っている。そこへ、罪を問われない〝営業用〟の覗きが登場したというわけである。

この〝覗き〟を好む男の心理は洋の東西変わりないと見え、アメリカのニューヨークでも七〇年代から「七五セントの快楽」と呼ばれる〝覗きボックス〟が営業。入場料を払って個室（ボックス）に入ると、シャッター式の覗き窓があり、そこからステージで踊るオールヌードの踊り子の姿が見える。踊り子は、順番に客の入っているボックスの前をまわって、これ見よがしに身体をくねらせる。だが、時間は限られていて、すぐに次のボックスの前に移動、もっとゆっくり見たいと思う客は、チップとしてコイン七五セントを踊り子に渡す。するとひとまわりして戻って来て「ハイ、どうぞ」と局所をオープンする。もちろん、チップは七五セント以上の一〇ドルだろうが一〇〇ドルであろうが、いっこうにかまわない。高額チップを払えば払うほどオープンの時間が長くなるわけである。

この「七五セントの快楽」の大型版が、戦後、にわかに活気づいた日本のストリップ小屋。野球と民主主義とストリップ（踊り）が、アメリカからやってきたというわけである。ストリップは、その内容がエスカレートしすぎて「ナマ板ホンバン」にまで暴走してしまったのは報告したとおり。だが、当初のストリップは、いまとなっては信じられないだろうが、ブラジャーをつけたままの踊り子が上半身を露出し、額縁の絵状態でステージに登場。それを見て、あっ、ハダカだと大騒ぎした内容から始まったのだ。

その後、踊り子がステージで動き出し、ブラジャーを瞬間取るようになった。さらに〝ツンパ〟と呼ばれるパンティを舞台が終了するまぎわにはずす。それを〝オープン〟といい、今度の舞台でどの踊り子が〝オープン〟するかそれが楽しみでストリップ小屋はにぎわう。

さらに〝オープン〟は、公然ワイセツ罪に当たると警官が、身元が判明しないようにとたとえば長靴姿で釣り竿片手の釣り人に変装、客として小屋内に入り、舞台で踊り子が〝オープン〟すると、「そのまま、そのまま。動くな！　公然ワイセツ罪で逮捕する」と叫んで舞台へ。当の踊り子に小屋の支配人となぜか踊り子の〝局部〟に照明を当て、客に観賞させた当事者として照明係の三名を検挙するのだ。

ストリップ小屋という限られた空間で、局部をチラリと見せた（初期はヘアーもダメだった）からといって、それが公然ワイセツに相当するとは考えにくいし、まして、照明係の責任を問うなど、まるでマンガのような警察の取締りだが、ごくごくまじめに実施されていたのだ。ただし、時には〝非番〟でストリップ観賞に来ていて、興奮のあまり舞台で〝ホンバン〟参加した他署の警官をご用にしたこともある。

ならば〝オープン〟で挙げられ、二度、三度重なって実刑を科せられるのなら最初から〝ホンバン〟にまで行ってしまえ、とストリップ業界がつっ走った側面もある。

それはともかくとして、こと覗きは、定番人気がある。ストリップ小屋が〝ホンバン〟全盛時代を迎え、そこまでやるか、男の尻を見てどうする、と二の足を踏む者たちのために、シンプルな覗きの場を提供する新種の店が生まれた。

バブル期以前に登場した「覗き部屋」が、それだ。「覗き部屋」は先に紹介したニューヨークの「七五セントの快楽」と同じシステム。客は、個室（ボックス）に入り、舞台（部屋）のなかで踊ったりあるいはストリップを演じる女性を眺めるもの。個室（ボックス）にはティッシュペーパーが用意されているので、興奮度に応じてご自由にどうぞ、というきわめてシンプルなもの。それでも、物珍しさから「覗き部屋」には客が集まったのだ。さらに変形版「覗き部屋」といえるであろう「ラッキーホール」も。この「ラッキーホール」は、等身大のボール紙でできた美女を用意。客は、その美女を抱く形で身体を密着させるが、かんじんのところに穴があいている。その穴に、性器を入れるとあら、ふしぎ、それを絶妙なフィンガータッチで快感に導いてくれるのだ。何のことはない、人形の向こう側に、フィンガー専門の女性がいて、その女性がテクニックを駆使、射精させてくれるのだが……。

かくてこの「ラッキーホール」が、単なる「覗き」から指を使うフーゾクのハシリとなり、その後「ファッションヘルス」隆盛につながった。単純にいうとフーゾクはソープランドに代表される「ホンバン」派とファッションヘルスなどの「非ホンバン」に分かれ、今日に至っているのだ。

なお「ホンバン」＝挿入組を旧フーゾクといい、「非ホンバン」＝非挿入組を新フーゾクと呼ぶこともある。

■ピンキャバの隆盛

さて、戦後のフーゾクを大きく変えた「非ホンバン」である非挿入フーゾクを取り上げることにしよう。冒頭で紹介したように、売防法により売春が禁じられた。摘発、逮捕覚悟のうえで「ホンバン」を続けるのは、自由である。誰もが指摘するように売防法が、ザル法であり、買春する側は、店が摘発されれば警察の事情聴取という恥ずかしい目にあうが、そんなもの、どうってことない、と居直れば済むことだ。

とはいえ、法律は守らねばならないという意識はある。それは、売春を仕掛ける——管理する側——により強い。そのうえ、現在でも少数派とはいえ、売春だけはダメだが、それさえしなければとフーゾクの仕事に就こうとする女性もいる。「ホンバン、あれはダメよ。私は絶対にホンバンはしない。同じフーゾクでも健全なことしかしない」。

ファッションヘルスで働く女性の多くがこう言うのだ。彼女たちのいう「健全なこと」とは、客と一緒にハダカになり、指、唇などもろもろの身体器官を用いて、客にサービスし、その結果、時間内に客を射精（してもしなくてもいいが……）に至らせることを意味する。

それに比べ、ソープランドは、性器に性器を挿入させ、時間内に射精（同じく、してもしないともいい）させるのは「不健全」＝売防法に触れる＝ことだ、との解釈。その背後には、客なら誰でも性器を提供するのは、不道徳。誰にでも、身体に触れさせ、さまざまなハダカの行為はするが、性器を提供するのはぎりぎり道徳にかなう、限られた者としかセックスしてはいけない、という貞操観念の存在があったからである。

いずれにせよまだるっこしいかぎりだが、まだ〝売春〟の壁が厚く感じられた時代にファッションヘルスはスタートした。このファッションヘルスを誰がいつどこで始めたかは定かではないが、いまとなっては「フーゾクの世界のノーベル賞もの。八〇年頃、九州の博多だ、いや大阪・ミナミの個室マッサージが〝元祖〟だ」といわれているが、いずれにせよ八〇年の初めに個室マッサージから発展し、ファッションヘルスが生まれたことにまちがいはない。

この「ファッションヘルス」という名称に注目されたい。「ファッション」に加えて「ヘルス」。サービス内容は同じでも「個室マッサージ」に比べれば、新鮮なイメージを与える。時代は変わったのだ、と。

ただし、「ファッションヘルス」の内容そのものは、「トルコ風呂」と呼ばれていた時代のソープランドと同じ。この時代の「トルコ風呂」は〝ホンバン〟を禁じていて、サービス内容は「スペシャル」（トルコ嬢の指による）と「ダブル」（客もトルコ嬢の身体を触ることができる）に限定されていたのだ。その後、ソープランドとなり〝ホンバン〟が可能となったが……。つまり「個室マッサージ」や当時のトルコ風呂と同じサービス内容で「ファッションヘルス」は、営業を開始したというわけである。

それに盛り場に、堂々とオープンする以上、警察の手前〝非ホンバン〟の看板を掲げないわけにはいかない。恐らく不安だらけだったろうが、スタートするや物珍しさと、シャワーつきで一万円以下の安さが受けて客足は快調。しかし、間もなく壁にぶつかった。「ファッションヘルス」に応募する女性が少なく、経営者は人数確保に苦労した。

現在では、人材募集を載せた盛り場情報誌もあれば水商売専門の求人誌（女性用）もある。さらにネットでも就職口やバイト先を探せる。ところが、「ファッションヘルス」がスタートした八〇年代初めにはそんな便利なものは存在しない。経営者は口コミで集めるしかなかった。そのうえ、現在では、「ファッションヘルス」を筆頭とする新フーゾクの各業種には、専門学校、短大、四年制大学生やＯＬが、何の抵抗もなく気軽に応募してくるのだが、その当時、現役の学生、ＯＬなど金の卵。現実に、それらのフーゾク未経験者が存在すれば「あの店には、本物のデパートガールがいる」とか「Ｃには短大生が三人働いている」と評判になり、それこそ週刊誌のピンクアナ場情報となったほど。とてもとてもＯＬや学生がおいそれと「ファッションヘルス」では働いてはくれない。それやこれやで人材確保に悩んだ経営者がスカウトしてきたのが、同業でも畑違いのキャバレーで働くホステスたちだ。

戦後、「未亡人サロン」「アルバイトサロン」などという形でスタートしたキャバレー。戦後経済の上昇につれ、キャバレーは二局化をたどり、一つは〝大箱〟と呼ばれる、舞台に、広いダンスフロアー、有名歌手を呼んでのショー、豪華なソファーに一〇〇名を超えるホステスという本格派。盛り場を持つ全国の主要都市にはこの〝大箱キャバレー〟がオープンし、中小企業経営者など地元の経済力のある客を集めた。

もう一つが〝小箱〟というか、ステージやダンスフロアー抜きのミニチュアキャバレー。この〝小箱〟の売りはピンクサービス。そのうえ、一セット、延長、指名いくらという明朗会計。

〝大箱〟の〝質〟より〝小箱〟の〝ピンク〟を選んだ一般庶民のお父さんたちが〝小箱〟に集まった。勢いを増した〝小箱〟キャバレー業界は、チェーン店システムで全国展開に打って出て、大当たりをとったのである。

かくして全国の盛り場に複数の〝小箱〟キャバレーのチェーン店が花盛りとなり、いつしかその〝小箱〟キャバレーが「ピンクキャバレー」「ピンクサロン」（略称ピンキャバ、ピンサロ）といわれだした。バブル期のはるか以前の昭和四十年代のことだ。「ハワイ」「金太郎」「クインビー」「日の丸」、「うるわし」などのピンキャバの名前を記憶しているお父さんは多いだろう。とにかく、ピンキャバのピンク度は、当時では強烈であった。

それまでのバー、クラブや〝大箱〟キャバレーでさり気なくホステス諸嬢に触る程度は許されても、露骨なお触りは厳禁。それも無視して触ろうものなら厳しいところだと、「お客さん、出て行ってください」と客なのに追い出されるところもあったほどだ。

ところが、ピンキャバの売り物はピンク。それこそ店によって「健全」から「不健全」の違いはあったものの、しだいに「健全」の色が薄まり触り放題の「不健全」に客が集まるようになった。

うす暗い照明。客の膝の上に乗るホステス。あらあら、そんなところに手が指が……というぐあいに、暗さに乗じてのオッパイタッチに股間まさぐりが開始された。

そして、バブル期には「花びら回転」と称する、花びら（そもそもそんなかわいいものではなかったが……）を丸出しにしたホステスが、五分単位で二人も三人もまわってきて「あらあら、お元気ね、今晩は」と客の膝にまたがってのそのものズバリのサービスをするピンキャバまで出現したのだが、それは後に報告する、としよう。

とにかく色気たっぷりタッチ自由のピンキャバにお父さん人気が集まった。ただし、この時代、ピンクもサービスの一つだが、それ以上に客の心をつかむには会話も必要であった。「男女七歳にして席を同じうせず」の男女観に影響を受けている世代には、異性との会話が苦手なタイプが多い。妻ともせいぜい「ああ」「うん」に「フロ」「メシ」「寝る」程度。

そこで、飲みに行くと異性を珍しがり、とかく話を聞きたがる。ピンキャバの前身である「未亡人サロン」――この未亡人は、戦争未亡人の意味である。念のため――時代からであった。

客は女の身の上話を聞くのが好きであり、ホステスは、そのことを経験上よく知っている。しかも、この身の上話は、それこそ江戸の昔からいわゆる「苦界に身を沈めた女たち」の得意技。♪私しゃ、もともと女郎じゃない、生まれは信州山の中、村が飢饉のその折に、娘売ろうか家売《やさ》ろか……の世界である。そうか、そうか、かわいそうに、と客たちはその身の上に同情する。荷風とて芸妓の身の上を聞き、こういう世界から身をひき、待合を持ってみたい、と訴えられて覗き願望もあったとはいえ、彼女のために待合を購入している。男と女の世界で身の上話は、その距離をぐんと近づけるのだ。

そして、その身の上話には、大昔からパターンがあり、荷風の新橋などの花柳界、私娼街・玉の井を舞台にした小説は、その身の上話の古典ともいうべき代物であろう。

戦後の「未亡人サロン」では、戦争未亡人が子供を抱え、社会の荒波に抗していかに生きてきたか、姑との因縁やあるいは戦死した夫の代わりに義弟との結婚話もあった、だが、せめて子供が学校を卒業するまでがんばろうと懸命に生きてきた、などの身の上話をすれば、戦争世代の客は身につまされる。そして、何とかしてやろうという同情心に、未亡人なら夜がさびしかろうとの「好色」が加わる。

その結果、うまくいくこともあれば、ひどい目にあうこともある。男と女の戦場もまた苛烈非道なのである。

以後「未亡人サロン」に代わってピンキャバが誕生しても、身の上話は変わることなくホステスと客のかけ橋となった。

「生まれ、どこ」「兄妹は……」「親は何をしてるの」「カレシ、いるの」などの定番でスタートする。そこからホステスの身の上話となるのだが、ピンキャバが登場した時代の日本は、高度成長経済のまっただなかだったが、それでもこの好況に乗り遅れた者たちもいる。そんなことばはなかったが、当時も格差社会は厳然として存在。

ピンキャバもそうだが、昭和三十年代から五十年代前半までは、ホステスという職業を選ぶには、それなりの理由があった。その大半が生活のためであった。先の戦争未亡人もそうなら、家が貧しいという理由での集団就職、などなどの事情からより高い収入を得るためにおずおずとバーなどの水商売に入る。そこでも、ヤクザを含む男にひっかかったり、あるいは親のための借金など、もろもろの事情を抱えた者が、ピンク度は強いが、手っとり早く金が稼げるキャバレーの世界へ。さらに、事情によりそこからソープランドなどの〝ホンバン系〟に移る。そこまで流れると、フーゾク渡り鳥と呼ばれるのだが、その間の事情を語るのが、身の上話である。

ウソかホントか……話を信じるか信じないか客によって受けとめ方はさまざまだが、ウソの花もまたおもしろいものだ。ともかく、客は概して身の上話を喜んで聞く。

■フーゾク界を一変させたファッションヘルス

その身の上話を持ったピンキャバのホステスたちを新興の「ファッションヘルス」が積極的に誘ったのである。もう、身の上話はいらない、と。しかも、「ファッションヘルス」などの新フーゾクが誕生し、ピンキャバもかつての勢いはなくなった。とりわけ、ベテランと呼ばれるピンキャバのホステスたちには、新フーゾクの若い娘たちと張り合うのが辛くなった。かといって、なまじ、ピンクサービスに慣れていて、それなりの収入があるので、一般のバーやクラブで働くのは面倒、さらに一般のバーやクラブは、常に若い新人が入ってくる。

そういうベテランにヘルスのスカウトたちが「たらたら酒を注いだり、ハンパなピンクサービスをしているより、この際、割り切ってみない。サービス時間は三〇分だよ。三〇分で客は回転してくれる。それに、うちはシャワーもついているので清潔だし、ね。それで月収一〇〇万円は堅い。一〇〇万円だよ……。それにソープと違って〝ヌク〟だけだからね。法律に違反してないよ。どう、やってみないか」と誘った。

「ファッションヘルス」は、このピンキャバのベテランホステスをスカウトすることでとりあえず人員を確保したのだが、思いもよらない事態が起きた。

新鮮さが受け「ファッションヘルス」は快調なスタートを切り、新宿では老舗のソープの軒数が減少するのに対し、月に五軒のペースで増え続けたのだ。と同時に、口コミで「ファッションヘルス」で働けば高収入が得られることが盛り場に来るホステスやその予備軍たちの間で広まった。

そして、「ファッションヘルス」に応募者が集まりだしたのである。しかも、その応募者が若く、それまでバーやクラブ、ピンキャバなどで働いたことのないアマチュア《素人》たちがまじっていたが、その割合がしだいに増加していったのである。そうなれば、ピンキャバ出身のベテランたちの居場所がなくなり、しだいに彼女たちは「ファッションヘルス」から姿を消していったのだ。

なぜ、専門学校生や短大生あるいは現役のＯＬが「ファッションヘルス」で働くようになったのか。一昔前、まだ駆け出しの漫才師だったビートたけしが「赤信号、みんなで渡れば恐くない」とのギャグを飛ばし、若者に大受けしたことがある。

地方から上京し、専門学校、短大、四年制大学あるいは就職した十代後半から二十代前半の若い女性には、その〝赤信号〟の一つが、フーゾクにおける「ファッションヘルス」だったのである。なにせ、この「ファッションヘルス」は、何度も紹介するように〝非ホンバン〟。もはや、ろくでもない処女神話などはこの時代になると、若い世代からほとんど消失はしていたが、不特定多数と性を持つ〝ホンバン〟＝売春＝は、抵抗を持つ者が多かった。なぜ、抵抗があるかというと、売春は、周囲から、とりわけ同年齢の男から白い眼で見られ、安っぽく思われるから……。その点、〝非ソーニュー〟の〝非ホンバン〟の「ファッションヘルス」なら周囲にいる誰かが働いている。都会で暮すには金が必要。しかも、割り切ってバイト感覚で働けば一〇〇〇万円の貯金も夢ではない……。時代の流れ、性感覚の違い、マスメディアの影響などなどから、そう考える若い女性が増加。かくて「ファッションヘルス」は人材に困ることなく営業を続けることができるようになった。しかも、「ファッションヘルス」が確実に儲かり、法に触れないと分かるやたちまち大きな盛り場を持つ全国の都市、大阪、名古屋、札幌、横浜、博多などに「ファッションヘルス」が登場。旧フーゾクであるトルコ風呂（ソープランド）は、法律（風営法）により営業地域が定められていて、都道府県の指定する特別の区域、たとえば東京の吉原、千葉の栄町、札幌のすすき野といったぐあいだ。ただし、指定地域外でも既に営業しているところは――たとえば新宿・歌舞伎町など――、一代限りの営業とすると定めている。

「ファッションヘルス」（個室マッサージ）は、法律（昭和五十年より施行された改正新風営法）によりフーゾク関連営業として届出が必要な業種だ、と規定されている。つまり、昭和五十年代後半からスタートした「ファッションヘルス」（個室マッサージ）が当局によりフーゾクの一品目として認められていることを意味する。それだから「ファッションヘルス」の経営者は、盛り場で堂々と店を構え、安心して営業できるのだが、その営業地区に若干の規制が加えられている。たとえば、学校、図書館などの教育施設の二〇〇メートル以内では営業できないなどである。だが、盛り場のまん中にそんな教育施設のあるところは珍しい。したがって、届出さえすれば「ファッションヘルス」は営業できる。

さらに、各都市の政令により出店制限ができることになっているが、都市によって違いがあり、甘いところと厳しいところが生じた。そのなかで横浜、名古屋、札幌が業者にとっては甘い都市と見られ、この三都市で「ファッションヘルス」が大繁昌したのだ。

その代表格が名古屋。なにせ、最盛期の九〇年代前半には、市内、それも盛り場栄を中心に三〇〇軒を超す「ファッションヘルス」が密集。しかも、栄は、同じ盛り場でも新宿・歌舞伎町とは異なり、銀行や証券会社など一般企業のオフィス街の隣りにバービルや「ファッションヘルス」などの新フーゾクが混在する珍しい盛り場。

フーゾクで働く女子学生、ＯＬたちも何の抵抗もなくこの盛り場に入って行ける地の利がある。かくて、フーゾク業界では名古屋のことを「ヘルスの都」と呼んだのである。とりわけ、バブル崩壊後の九一年から九五年にかけては、ヘルス業界では「若い」「きれい」「安い」の名古屋として全国区人気に。この名古屋を追いかけるように、横浜、札幌も「ファッションヘルス」全盛期を迎える。

このように「ファッションヘルス」は、フーゾクの世界を一変させたのである。

■非挿入系フーゾクいろいろ

お父さん世代の多くが納得できない〝非ソーニュー〟で〝非ホンバン〟の新フーゾク

が、盛り場の主役となったのだが、その成功から同じ傾向を持つ新しいフーゾクも続々と〝フーゾク市場〟に躍り出してきた。

それらをかけ足で紹介することにしよう――。

○性感ヘルス――「ファッションヘルス」と異なり、法律（新風営法）には、認められていない業種だが、法に認められている個室マッサージと同じだ、と業者が解釈し、営業を開始。なぜか規制を受けることなく営業が続いた。外国人ホステスの項でも紹介したように「香港ヘルス」「北京マッサージ」など外国人を起用する店も多い。〝ホンバン〟はないが、それ以外の「キス」「全身ペロペロマッサージ」「素股」「フェラチオ」などの過激さが売り物。さらにオプションとして特別料金（最も高いのがアナルファックの二万円）を払えば、顔射、ポラロイド撮影、オナニー観賞などがつく。要するに〝ホンバン〟以外ならなんでもあり……。料金は、三〇分六〇〇〇円から一万円。サービス内容に比べ料金が安いとの評判だが……。

性感マッサージという営業品目もあるが、性感ヘルスとの区別がよく分からない。新フーゾクマニアに訊くと、性感ヘルスは、ローションオイルマッサージを施すのが特徴、しかも、それをオールヌードで行なう店もあるとか……。ならば、がまんできずに〝ホンバン〟に至る客もいるのでは……との問いに、それもありうるとの答え。
○イメージクラブ――バブル期に登場。客が好みの女性並びに、そのファッションのイメージを持つことに着目。女子高生、看護婦、スチュワーデス、女性教師、女性警官などなど。さらに、それにシチュエーションも加わる。教室、寝室（夜這い）、電車内、エレベーター内などなど。要するに、願望もしくは妄想を体験させるのだが、これらは世間では変態といわれる行為。だが、変態好きは多いと見え、一時期、流行った。とりわけ、中学、高校の制服姿のロリコン系やブルセラショップとあいまって、ちょっとしたブームに。たいがいのお父さんは、わが娘と同じ世代のロリコンに対して腰がひけると思っていたが、そうではなかった。料金は、性感ヘルスに比べ、高目で一万二〇〇〇円から二万円……。
○ＳＭクラブ――マニアによる本格ＳＭは、昔から秘密クラブのような形でひっそりと営業していたが、性の百花繚乱バブル期になり、遊びとしてのＳＭが登場。あんたは「Ｍ」ね、とか、「Ｓ」よというノリで、ボンデージ姿の女王さまを配するソフトＳＭが出現した。マンションの一室か出張という形で営業。ソフトＳＭは一～二万円と料金が安いことから、

「ちょっと鞭を振ってみようか」とか「軽くお小水ごっこをしてみようか」と好奇心を持ったお父さんたちが利用した。なお、ソフトではなく本物――真性――は、これはマニアの世界だから料金が高い。そんな大金を払っても、本物のSMが成立し、専門誌も発行され続けているのだから世にSMマニアは根強い。

○ピンサロ（ピンクサロン）――紹介したピンキャバがより大型化し、ピンク化した業種。キャバレーや料理店（割烹）の名目で営業する。ピンキャバに比べ、照明は明るく酒のほか、ツマミ程度の料理も用意。それでいてセット料金は三〇〇〇円から一万円程度と安い。ピンクサービスはもっぱらソファーで行ない、ピンキャバより大胆。音はうるさく、男の従業員が「ハイ、一〇番テーブルさん、ご指名、ありがとうございました。当店、春の超ピンクサービス、オールヌード、ナマ、ナマ……タマまで……タマまで、を実施中。ハイ、一二番テーブルさん、時間がまいりました。ありがとうございます」とマイクでがなりたてる。質より安さを好むお父さんや勤労青年に人気がある。だが、このピンサロも、時給計算や〝過重労働〟で働く女性たちに人気がなくなり、若い女性が去り、より高齢化。おばさんたちの天下となり、しだいに〝ボンバン〟店が増加してきた。

○デリバリーヘルス（出張ヘルス）――フーゾクでの新規営業品目をほとんど認めない当局が、九八年の風営法改正で認めたのが、このデリバリーヘルス。もともと売春つきの出張マッサージ（出前売春）としてアングラ営業をしていたのだが、なぜか合法化。一説には、出前売春の背後にいるヤクザ勢力のあぶり出しを図る意図があった、と。つまり、合法化すれば資金の流れが明確化し、ヤクザ組織への資金の流れがとだえる。結果、ヤクザの資金源潰しとなる。なんだか無理な解釈のような気がするが、ともかくデリバリーヘルスは、スタートした。もともと出張サラリーマンが愛用していたフーゾクの一品目だった。もちろん、一流ホテルで頼むマッサージは、ハプニングや客が、にわかにオスに変わることを警戒、ドアを必ず細めに開いておくなどの手段を講じている。だが、そこは男と女。女性の気分やあるいは経済上の事由からハプニングが生じることもある……。そのハプニングの可能性が高いのが、一流ホテルを除くホテルあるいは連れ込み専門の旅館。それが、出前売春と呼ばれていたのだ。

名称もデリバリーヘルスと新しくなり、新々風営法の承認を受けたのだからその出足は快調そのもの。日頃、ヤクザとしてケンカをしている組どうしもことデリバリーヘルスに関しては休戦協定を結んだ。それどころか西のある盛り場では、デリバリーヘルスの経営者による組合まで作ったのだ。そして、その組合の会合に出席する場合、組のバッチをはずす——つまりこの会合ではヤクザとして言動は許さない——ことを義務づけたのである。

それほど商売としてデリバリーヘルスの将来性に賭けたのだが、目下のところ、その見通しは当たっている。ヤクザにしてみれば、暴対法、組対法など相次ぐヤクザ個人やヤクザ組織としての活動に規制が加えられているなかでの、この資金源である。下手なケンカをしている場合でないと大事にしているのだが、このデリバリーヘルスは女性確保に有利な点がある。

店舗を構えている新フーゾクでは、当たり前ながらそこで働く女性たちは顔を見せる。客に制限はないので店には誰でも入ってくるので、そこで友人、知人に会う可能性がある。ましてや、地元で働いていれば、友人、知人や極端な場合、親戚はおろか実の父親や兄に会うこともある。運を天にまかせ、新フーゾクで働いていることが発覚するとまずい者たちに会わないことを願うしかない。とりわけ人妻のバイトが友人、知人に発覚すれば、どう考えてもまずい。「誰々の奥さんがヘルスで働いていたぞ」とか「昼間、性感マッサージで遊んだら誰々の奥さんが相手だった。それがすごいテクニシャンなんだ。あんなおとなしそうな顔をしてサービス抜群の好き者。ダンナは知らないだろうな」となれば、ちょっとした巷のスキャンダルだ。

それがデリバリーヘルスなら客には地元以外の出張サラリーマンが多い。しかも、ホテルなど相手の宿泊先に出かけていくので顔を見せるのは客のみである。デリバリーヘルスの事務所に行く必要もほとんどないうえに、人妻なら土・日曜を除く午後の二時から六時まで働くといったぐあいに自分の都合のいい曜日、時間帯をあらかじめ言っておけば、事務所がその時間内で客を選んでくれる。かくてファッションヘルスなどのフーゾク経験者も身元の判明する可能性の少ないデリバリーヘルスで働くようになった。その結果、デリバリーヘルスには、人妻、学生、ＯＬや熟女好みにはソープ出身などさまざまなフーゾクを経験した新・旧の女性たちが集まるようになったのである。

○キャバクラ（キャバレークラブ）――八〇年代初頭（八二年に新宿・歌舞伎町に第一号との説もある）に東京でキャバレー並みの料金でクラブ並みのサービスが売り物としてス

タート。したがって、名称がキャバクラ。さらに、もう一つの特徴として、接客する女性が、水商売初体験の〝本物〟の十代後半から二十歳そこそこの学生、ＯＬら。つまり、素人風味が売り物。

それまでそれこそキャバレーやあるいは、バー、クラブでベテランという名のプロのホステスが、その気にさせておいて、いざとなれば、あの手この手でたとえば「ごめんなさい、今夜は、田舎から妹が来ている」「ほんとに悪い。今夜は、弟が受験で……」「母が突然、上京したの」などと弟妹から両親あるときは叔父、叔母に従兄妹まで登場させるなどのその場しのぎの言い訳に翻弄されるなど悲しい目にあっている客にとってキャバクラの誕生は、大歓迎であった。しかも、キャバクラの料金は、四〇分八〇〇〇円、六〇分一万円ときっちりした明朗パック料金。

〝大一枚〟を握っていけば、ういういしい学生やＯＬが相手をしてくれると喜びいさんで行く客が多く、キャバクラは大人気となったのだ。しかも、お父さんたちばかりでなく若者も殺到したので、キャバクラは全国に広がった。ただし、都市によってキャバクラのサービス内容が異なる。札幌でキャバクラといえばピンキャバのこと、つまり、どうぞ、触ってさわって……の世界。通常、キャバクラはお触り厳禁で、トイレにも、しつこく触れば五〇万円の罰金を頂きます、との張り紙が貼られている。

上品に会話を楽しみ、キャバクラ嬢による学芸会並みのショーを観賞してくれ、というのがキャバクラ側の説明。

こういう説明を聞いて、おい、バカにすんな……、その辺にころがっているお姉ちゃん相手に触りもせずに話だけかよ、と怒ったのは少数派だったようで、キャバクラ人気は続いている。キャバクラ嬢の関心を得るにはセット料金だけで済まないことも分かり、いわれるがままにサービス料だ、指名、延長だとなれば、二万円から三万円になってしまう。これではクラブ料金だ、と客足が遠のくかと思われたが、分かっていてもキャバクラに通う客——とりわけ一時期、コンピュータ関連など好況に沸いたIT関係の若者やベンチャー経営者——は減少することはなかった。キャバクラ側も一般クラブ並みの「同伴」「アフター」と、客キャッチのためのテクニックを伝授、キャバクラ嬢と親密になれ、あわよくば……と願う客は、喜んで「同伴」や「アフター」に応じた。キャバクラが登場する前後に、盛り場専門の情報誌が発行されたこともキャバクラ人気に拍車をかけた。情報誌はソープランドなどの旧フーゾクにファッションヘルス、キャバクラなどの情報を、働く女性の写真つきで掲載。新宿・歌舞伎町の盛り場情報誌「ナイタイ」の成功を皮切りに、またたく間に全国各地で盛り場情報誌がスタート。さらに、各誌ともにこんどは客のためでなく新・旧フーゾク対象の求人誌を発行したのだ。

その内容が、「わずか二日間でOLの給料一ヶ月分」「自由出勤!ラクラク稼げるコンパニオン」『「ちょっとしたお仕事!それでいて収入は抜群!ハワイなんか軽くいけちゃう」』「個人プライバシー、完全秘匿!親バレ、なし!遊び気分で八〇万円」「月収二〇〇万円!ホントです。キャバクラ新規開店、大募集中!もちろん、経験なしでもだいじょうぶ!」「いろんなタイプがいます。美人じゃなくとも、かわいい、おもしろい、みなさんの個性をいかして……高給(五〇万円以上)は、誰でも!」などなど「気楽にどうぞ……」と好条件を並べ立てた。現在でも、この水商売専門の求人誌は発行していて、新旧フーゾクで働こうとする女性たちの〝定番〟になっている。この盛り場情報誌並びに求人誌が、新旧フーゾクに与えた影響は大きく、かつての水商売〝日陰意識〟は払拭され、それこそ気軽に若い娘たちが、この世界に入ってくるようになり、今日に至っているのだが、そのスタートが主としてキャバクラ。学生、ＯＬが入りやすいキャバクラで、まずフーゾクの世界を体験、そこからスカウトや個人の希望によりさまざまなフーゾク分野に広がっていく……そういうルートが既にでき上がっているのだ。しかも、平成二〇年代後半からキャバクラは流行発信の地としても若い娘たちにはとらえられ、キャバクラ嬢のファッション、メイク、ヘアースタイルを特集する「小悪魔ＡＧＥＨＡ」は数十万部の発行部数を記録している。

要するにキャバクラが存在するかぎりフーゾクの世界では、人材確保に困らないのである。しかも、章をあらためて報告するが、女子中学、高校時代、エンコー（援助交際）など何も分からずに結果的には〝性の修羅場〟を経験した者たちが、その時代を過ぎ、これはまずい、と〝更生〟の場としてキャバクラに流れてくるケースもあるのだ。つまり、かつての盛り場の主役だったバー・クラブに代わって、いまやキャバクラがクィーンの存在になっているのだ。しかも、キャバクラで働く女性たちは、女子大生や一般ＯＬだけでなく多種多様。自衛官や警察官からの転職ＯＧといった変わりダネもいるほどだ。

第四章　「新ホンバン」系フーゾクの誕生

■荷風と売春防止法

昭和三十一年（一九五六）五月、国会で売春防止法が成立（施行は二年間の猶予期間を置いた三十三年四月）し、日本では初めて売春が禁止されたのだ。

この売防法成立から施行時には、いわゆる〝赤線〟や〝青線〟と呼ばれた売春地帯から後にもぐりの売春地帯と呼ばれる〝白線〟があった。白線とも縁の深かった荷風は――たとえば、おなじみの遊び場所である玉《たま》の井《い》(通称)も私娼の街だったが――「濹東綺譚」や「断腸亭日乗」に白線について記載している。それが、実におもしろい。さすが荷風というできで、今日でいう〝白線ルポ〟になっている。

昭和十一年（一九三六）

五月十六日。（略）

玉《たま》の井《い》見物の記

初て玉の井の路地を歩みたりしは、昭和七年の正月堀切四木《ほりきりよつぎ》の放水路堤防を歩みし帰り道なり。その時には道不案内にてどの辺が一部やら二部やら方角更にわからざりしが、先月来しばしば散歩し備忘のため畧図《りゃくず》をつくり置きたり。（著者註。詳細な荷風手書きの地図がはさんでいる）路地内の小家は内に入りて見れば、外にて見るよりは案外清潔なり。場《ば》末《すえ》の小待合《こまちあい》と同じくらゐの汚なさなり。西洋寝台を置きたる家尠《すくな》からず、二階へ水道を引きたる家もあり。また浴室を設けたる処もあり。一時間五円を出せば女は客と共に入浴するといふ。但しこれは最も高価の女にて、並は一時間三円、一寸《ちょん》の間《ま》は壱円より弐円までなり。路地口におでん屋多くあり。ここに立寄り話を聞けば、どの家の何といふ女はサービスがよいとかわるいとかいふことを知るに便なり。七丁目四十八番地高橋方まり子といふは生れつき淫乱《いんらん》にて若いお客は驚いて逃げ出すなり。七丁目七十三番地田中方ゆかりといふは先月亀井戸より住替《すみかえ》に来りし女にて、尺八《しゃくはち》専門なり。七丁目五七番地千里方千慧子といふは泣く評判あり。曲取《きょくどり》の名人なり。七丁目五十四番地工藤方妙子は芸者風の美人にて部屋に鏡を二枚かけ置き、覗《のぞ》かせる仕掛をなす。但し覗き料弐円の由。警察にて検梅《けんばい》をなす日取りは、月曜日が一部。火曜日が二部。水曜日が三部といふ順序なり。検梅所は玉ノ井市場側昭和病院にて行ふ。入院患者大抵百人以上あり女の総数は千五、六百人なり入院料一日一円なり。女は抱えといはず出方さんといふ。東北生れの者多し。越後の女も多し。前借は三年にて千円が通り相場なり。半年位の短期にて二、三百円の女も多し。この土地にて店を出すには組合へ加入金千円を収め権利を買ふなり。されど一時にまとまりたる大金を出して権利を買ふよりも、毎日金参円ヅッを家主または権利所有の名義人に収める方が得策なり。寝台その他一切の雑作《ぞうさく》付きにて家賃の代りに毎日参円ヅッを収るなり。その他聞く処多けれど畧《りゃく》して記さず。

［欄外朱記］氏神祭礼六月六日より七、八日白髯明神《しらひげみょうじん》及長浦の某神社合祭の由。

［欄外朱書］東清寺境内玉ノ井稲荷の縁日《えんにち》は毎月二日と二十日となりこの縁日の夜ハ客足少き故女たちハ貧乏稲荷といふ由。

［欄外朱記］毎日参円ヅッ出すといふは家一軒の事に非ず自前でかせぐ女が張店《はりみせ》の窓一ッを借る場合の事なり家の主人に毎日参円ヅッ渡シ前借ハせず自由にかせぐ事を得る規約ありといふ。

荷風は遊ぶばかりではなくしっかり観察しているのがよく分かるが、いよいよ赤線の灯が消えることが時間の問題となった。

この売防法の〝日々〟をどう見たか。荷風は七十七歳から七十九歳である。「断腸亭日乗」を中心に、それを見てみると――。

記述が極端に短くなり、たとえば、

昭和三十一年（一九五六）だと、

一月十四日。晴。午後浅草アリゾナにて食事。

五月十七日。晴。午後浅草。三社《さんじゃ》祭礼。アリゾナにて食事。

昭和三十二年（一九五七）。

一月十二日。陰。風寒し。銀行より浅草。

五月十七日。晴。正午浅草。参社《さんじゃ》祭礼。観音堂前より雷門あたり町々の御輿《みこし》振りにて賑《にぎや》かなり。若衆《わかいしゅ》の中に妙齢の女全身刺青《ほりもの》せしものあり。土地柄といふべし。

昭和三十三年（一九五八）。

一月元旦。晴。正午浅草。飯田屋に飰《はん》す。公園の人出いつもより多し。

五月十七日。陰。正午浅草。帰途雨。後に晴。浅草公園三社《さんじゃ》祭礼。

といったぐあいでもはや天候のメモ状態となっている。それでも浅草通いはやめなかったが世間で大きな話題になっていて、荷風自身も、縁の深かった売防法関連から、いわゆる〝赤線の灯〟が消える大ニュースに、彼はまったく触れていないのだ。

■売防法スタート

ともあれ、昭和三十三年四月――正確には三月三十一日――から売防法がスタート。売防法施行に先立つ昭和二十一年（一九四六）、ＧＨＱ（連合軍最高司令官総司令部）の指令により公娼制度――一定の場所に拘束し、前借りを返すという名目のもとで強制的に働かせる、たとえば東京でいえば吉原など――は禁止され、江戸の昔より存在した「遊廓」の灯は消えていき、娼妓である「花魁《おいらん》」などの名前も「女給」へ。さらに打ち掛けなどの和服からドレスなどの洋装へ変わっていた。そういう戦後の〝西洋衣裳〟を身につけた旧公娼地帯は、たとえば東京・吉原のように遊廓に代わって「特殊飲食店街」という名前で営業、ＧＨＱ指令をかいくぐって商売を続けていた。そこで、世間は、かつて公認された公娼地帯を戦前、警察がその地域を赤線で囲ったことから「赤線」。その周辺で同じく売春宿が密集しているところを「青線」と呼んだ。新宿でいうと、いまはゲイタウンと化している新宿二丁目が「赤線」。花園神社の裏手に戦後の面影を残すバラック建ての狭い飲み屋が並んでいるゴールデン街（花園）が「青線」に相当する。これが「白線」となれば、地域関係なしで買売春が可能なところを意味する。といっても、客が集まりやすいところになるので、盛り場とか赤線の周辺の飲み屋や料理店、アパートや借家などで営業し、たいがいは盛り場を徘徊する客引きが客に声をかけてこれらの「白線」などへ連れてくる。

ＧＨＱに対する言い訳としては「うちは酒も出す喫茶店で、サービスしているのは女給。客と自由恋愛するのは女給の自由。女給が住んでいるアパートは店の居住施設だが、彼女たちからアパート代を払ってもらっている。そのアパートに自由恋愛した特殊喫茶店の客と一緒に行こうが行くまいがそれは女給の自由。なにせ、いまはデモクラシイの世の中」。

ＧＨＱ（アメリカ）の好きな自由と民主主義をふんだんに盛り込んだ、こんな技が使える経営者が多かったのだから、売防法が成立してからも〝ホンバン〟ありの売春は存続し、今日まで続いているのだ。

もちろん、商売は何でもそうだが、需要がなければ供給はない。男の悲しき射精欲である「好色」――女性にももちろん、好色は存在するが、男優位の社会制度のため、女性の好色を満足させるシステムは少なく――現在でもそうである――があるかぎり、〝ホンバン〟ありの売春業は、世界どこにも存在するのだ。

■ソープランドの誕生

世界はともかく、売防法施行後の日本では、紹介した「赤線」系を中心とした、さしずめ〝古典ホンバン〟系に加えて〝新ホンバン〟系が誕生。

〝新ホンバン〟は、スタート当初は、トルコ風呂（トルコの一青年の抗議により後年、ソープランドと改名）、現在ではソープランドと呼ばれる業種である。

ソープランドのサービス内容についての細かい説明は不要であろう。江戸時代にも風呂には「湯女」なる、客の背中を流し、身体の垢をかくなどかゆいところまでサービスをする女性がいて、湯上がりには二階で、さらなるねんごろなる技をほどこした、との記録もあるので日本の〝伝統フーゾク〟と言ってよかろう。

ちなみに、ソープランドは、日本オリジナル。その後、昭和四十年代末に、静岡県の業者が、タイのバンコックに〝技術輸出〟。バンコックでも、日本式ソープランドが誕生という一幕もある。

売防法施行を控え、業者たちの一部は、生き残りのためこの「湯女」の現代版を思いついた。といっても「湯女」の時代とは異なり、大きな湯舟をしつらえて混浴というわけにはいかない。

そこで、個室を設置。ショートパンツにブラジャー姿のサービス嬢を配置した。客は、個室内の首だけボックスの上から出す蒸し風呂に入り、ほどよく暖まったあとベッドに横になる。それをマッサージ嬢（トルコ嬢）が、丁寧に全身マッサージをほどこす。

当初はただ、それだけのこと。目新しかったのは、いま、振り返ると野暮ったいショート・パンツ、ブラジャー姿のマッサージ嬢のみ。この当時のマッサージ嬢が着用していたショートパンツ、ブラジャーは、分厚く、丈長くて色気皆無のいまでいえば〝ババパンツ〟に〝ババブラジャー〟。だが、それでも物珍しかったと見え、客はこの新しいトルコ風呂につくことはついたが、いまひとつ評判が悪い。

それもそのはずで、つい最近まで〝組んずほぐれつ〟の〝ボンバン〟をしていた場所での、この健全なる〝お湯遊び〟。なかには、「お客さん、いいことは外で」、と店外に出て、同じく赤線からの転業組が経営する旅館に行き、そこでマッサージ嬢を待ってやっと〝ボンバン〟の運びとなる。なぜ、そんな面倒なことをするのか、と赤線慣れした当時のお父さんたちは思った。

だが、そうはいわれても売防法が施行されたばかりである。海千山千のベテラン業者たちは警察の動向を見はからっていたのだ。そして、つぎなる手を打った。個室内でマッサージ嬢（既にトルコ嬢として定着）が手や指による「スペシャル」から客のタッチを自由にさせる「ダブル」の採用だった。

それまでも何もできない、大人なのにお湯遊びをするだけのトルコ風呂からの脱却である。トルコ風呂はおもしろいぞ……との風評が大人の間に広がった。しかも、戦前とは異なり、マスメディアが発達し、この種の、いまでいうフーゾク情報を取り上げる週刊誌、実話誌も登場していて、新しい大人の遊びとしてトルコ風呂の記事を取り上げた。かくてトルコ風呂の名前は、全国に知れ渡り、各地で続々とトルコが営業を開始。当時、トルコ風呂を法的に管理する法は、公衆浴場法（現在では風営法）だったが、この法は大衆浴場（銭湯）に適用されたもので、東京都でいうと同法に基づく「施設基準」さえクリアーすれば、営業場所、営業時間も勝手なうえ、警察の立ち入り検査もなしという野放図さ。そこで、新吉原などの旧赤線の経営者たちが、トルコ風呂を経営したのだ。

東京のほか川崎の堀之内地域、千葉の栄町地域なども同様。さらに〝新開発〟の「スペシャル」や「ダブル」が当たると、旧赤線地区以外の盛り場、私鉄の乗り換え駅周辺、神田、新橋などのオフィス街のなかにもトルコ風呂が開店し、それなりの成功をおさめたのである。

ここまでトルコ風呂が目立てば、売防法には違反していないが、売春まがいのトルコ風呂はけしからんとの声があがる。売防法成立に熱心だった女性代議士やいわゆる〝PTA族〟も黙っていない。何が何でも健全な社会を志向する人たちはいつの時代にも存在する。折しも、日本は国威発揚の場である東京オリンピックを控えていた。世界から集まってくる客たちの前に、新生日本をアッピールしなければならない。道路整備は当然のこととしてゴミ散乱、スラム、いまでいうホームレス、物乞いなどなど日本の恥になるような事態並びに存在は、オリンピック前までにクリーンにしようとした。その後、国体期間中にソープランドが営業を自粛したのも同じような理由からだが、この東京オリンピックの前には排除すべきものの一つとしてトルコ風呂もあがった。

それに対する当時の東京都特殊浴場協会の協会長の弁が、立て板に水で、みごとなものだった。

その大意を紹介すると――。

まずは「スペシャル」について。あれはごくごく一部のもの。わが協会には、そんな不心得ものは一人もいない。それどころか、わが協会ではいま、学校を作り、トルコ娘にちゃんとした教育を受けてもらおうと思っている。教育内容は道徳教育、一般教養教育に編物から裁縫など立派なお嫁さんになれる家庭教育。そうそう、これからの時代、カタコトの英語ぐらい分からないと困るので英語教育も。とりあえず学校は三ヶ月間の普通科と半年間の高等科でスタートする予定。オリンピックまでには、立派な学校を作りたい……と。

この弁明を信じたのかどうかオリンピック前のクリーン化からトルコ風呂は除外されたのだが、当時、国政や都政を仕切っていたのは〝線中派〟と呼ばれる赤線体験者。売防法成立前は、売春は〝必要悪〟や〝男の生理〟や〝社会の防波堤〟を理由に売防法そのものに反対していた連中が大半。だが、人身売買につながる売春は許されない。前近代的な本人の意志ではない親による前借制度を根絶する売防法の趣旨そのものは正論だから、反対すれば政治生命にかかわる。女性票を失うわけにはいかないからである。

それで、売防法が成立し、施行された。とはいえ彼らの〝本音〟は売春肯定、まあ、うるさいおばさん連中とその尻を持つ一部のヒューマニストやインテリもいるので、目立たないようにやれ、というところ。

したがって、東京オリンピックの前、トルコ風呂問題が取り上げられ、紹介したように当のトルコ風呂協会の責任者が弁明させられ、とぼけた返答をしたが、それを当局が問題にすることはなかったのだ。

■国会前にトルコ会館

しかし、東京オリンピック後の昭和四十一年（一九六六）に、トルコ風呂に関連して思いもよらない騒動が起きた。

勢いに乗ったトルコ業界を見て、私も……とばかりに畑違いの自動車販売業者が地上四階地下一階で個室数二〇の〝トルコ会館〟の建設を東京都に申請、それが通ったのだが、なんとその場所が永田町の国会前。現在なら流行りの温泉風スパ会館のハシリといえるが、当時、トルコ風呂のイメージは旧赤線とか売春もどきといったぐあいで悪すぎた。国会議員のなかには、喜んだ者もいたようだが、そこは選挙で生きる議員たちである。神聖な国会の前でトルコ風呂が堂々と営業する、けしからん、と当時の佐藤栄作首相までが激怒した、と報道された。

だが、既に都の許可が下りている。許可を無効にするには、トルコ風呂を対象とする新しい法を制定する必要があると官僚が頭を絞った。昭和二十三年（一九四八）に制定された風営法（風俗営業取締法）が、フーゾク営業を規制する法律。しかし、この風営法の対象となっていたのが、当初は荷風のおなじみである「待合」「カフェ」「料理店」の三分野。風営法発足当時は、この三種が、今日でいうフーゾクだったことがよく分かる。ところが、戦後の経済復興はめざましく、パチンコ、深夜喫茶、深夜営業料理店と、つぎからつぎへと当局の目からみると新しい遊び場所が生まれた。そこで、同法は改正を続け、パチンコ店などを法の対象としていったのだが、トルコ風呂は、公衆浴場法の対象だったことから同法の枠外と判断していた。

そこへ、降って湧いた〝国会前トルコ〟である。あわてて法を改正、トルコ風呂も風営法の枠内に入れることにしたのだ。その結果、トルコ風呂には、立地制限が設けられ、都内でいうと吉原などにのみトルコ風呂の営業許可が与えられた。昭和四十一年（一九六六）のことである。ただし、同法の対象以前に営業しているトルコ風呂は、一代限り、その営業を認めることにした。そこで、現在でも吉原など営業制限地以外――たとえば、神田、吉祥寺など――で営業しているソープランドは、この一代限り、に相当するのだ。

なお、風営法は、盛り場の発展とともに新しく登場するフーゾクを追っかけるように改正を続ける。昭和四十七年（一九七二）には、にわかに需要を増した〝愛の戦場〟であるラブホテル、モーテルを対象内に。昭和五十九年（一九八四。八五年二月施行）には、法律の名を変えるほどの大幅改正となった。まず、法律名が「風俗営業等の規制及び適正化等に関する法律」（新風営法と略）と長い名前に変わると同時に、それまで各都道府県により風俗営業の許可基準や禁止行為がまちまちだったものを改め、この法により基本事項を法により規制。たとえば、ゲームセンター、覗き部屋、ノーパン喫茶、レンタルーム、アダルトショップ、トルコ風呂、ストリップ劇場などを規制の対象とし、公安委員会への届出、営業場所、時間の設定、客引きの禁止、暴力団員には営業許可は与えないなどの排除、広告、宣伝の規制など細かい制限を加えた。

さらに、新しく誕生した、後に詳しく報告するデート喫茶、ホテトル、マントル、愛人バンクなどのフーゾクは認めない。つまり、これらの営業は今後、すべてもぐり営業とし、新風営法、売防法などに照らし合わせ摘発、検挙するとした。

■新風営法なんのその、進化し続けた「お風呂」

この新風営法の内容が判明するにつれ、フーゾク業界にはパニックが走った。週刊誌などのメディアは「これで盛り場の灯が消える」とか「フーゾク全滅!新風営法で誰も行かなくなる　健全な盛り場へ」などとあおり、新風営法が施行された初日、新フーゾクのメッカとされた新宿・歌舞伎町には、そのようすを伝えようとテレビ中継車が入ったほどである。

ところが、大方の予想に反して新風営法が施行されてもフーゾクの世界はより活発、より過激化していったのだ。この新風営法のフーゾク世界について一言でいえば、フーゾクが「アマチュア素人《しろうと》の時代」を迎えたことなのだが、それについては最終章で――。

なお、新風営法はその後平成十一年（一九九九）に改正され、紹介したように出張マッサージ（デリバリーヘルス）が営業品目として認められるなど、その内容に変化が加わっているのだが、話をトルコ風呂（ソープランド）に戻そう。

〝国会前トルコ〟には待ったがかかったものの、トルコ風呂の数は右肩上がりに増え続け、初めてトルコ風呂の実態を報告した広岡敬一の「トルコロジー」（晩聲社、一九七五年十二月刊）によると六六年全国のトルコ風呂軒数は七〇六軒――北海道二五軒、福島七軒、千葉二八軒、東京二〇八軒、神奈川五四軒、岐阜三〇軒、福岡一八軒など――で東京の一部を除くトルコ地帯のほとんどが〝ホンバン〟を主としたサービスを行なっている、としている。

「スペシャル」から「ダブル」へ、さらに〝ホンバン〟とトルコ風呂が〝技術進化〟しその軒数を増加させていったのだが、売防法が施行され、赤線の灯が消えてから一四年後の昭和四十七年（一九七二）に全国のトルコ風呂の軒数は一〇〇〇軒（うち二一五軒が都内）を超えた。赤線に代わって〝ホンバン〟派のトルコ風呂が大人の〝遊び〟の王さまになったといえるだろう。

そして、トルコ風呂はさまざまな〝特技〟を誕生させ、それが週刊誌や実話誌、夕刊紙などによって喧伝され、お父さんたちの「好色」を刺激させたのだが、いまはなつかしいトルコ風呂の〝特技〟の数々を紹介しておこう――。いずれも荷風の時代には存在しなかった〝特技〟である。

○マット洗い――エアマット、スポンジマットなどに客を寝かせ、全身を洗う。

○泡踊り――石ケンとローションなどを混合させ、泡を立てる。その泡を客とトルコ嬢双方に塗ったあと、トルコ嬢がさながら踊るように、客の身体に優雅にこすりつける。乳房、ヘアーが密着し、客、大いに喜ぶ。なお、同じように泡を立てる泡風呂もある。

○椅子洗い――客を特別な椅子（助平椅子と呼ばれる局部が洗いやすい変形椅子）に座らせて行なう〝泡踊り〟の一種。

○もぐり洗い――客の身体の下にトルコ嬢がもぐって（すべりこませて）行なうサービス。

○潜望鏡――〝潜航艇〟とも言う。トルコ嬢が客と一緒に入浴し、浴槽内で客の腰を浮かびあがらせ、露出した（浮いた）男性器にフェラチオサービスを行なう。

○二輪車――二人のトルコ嬢が、一人の客にサービスすること。三人なら三輪車である。ただし、二輪車の料金は二倍、三輪車は三倍となる。三輪車は〝卍《まんじ》〟とも言う。前出の〝トルコロジー〟によると雄琴で、客一名に七名のトルコ嬢がついたこともある、と記されている。豪気なものだが、七名のトルコ嬢が客をどうあつかったかの記録はなかった。

○ツボ洗い――〝泡踊り〟の一環として、女性器＝ツボ＝に指や男性器を入れ、クリーニング。

○総ナメ――究極の舌技サービス。全身、足の指の肌まで舌技をふるう。

このほか、〝お尺〟（フェラチオ）、〝菊一文字〟（アナル攻め）〝ジュンナマ〟（コンドームを使用しない）、〝ブラシ洗い〟（陰毛でのマッサージ）などなど。

このように、ほとんどの男性が、それまで味わったことのない技の数々を味わわせてくれる「トルコ風呂」が繁盛しないわけがない。個人の楽しみのほか、それこそ会社の「接待」にもトルコ風呂は利用されたのだ。あるいは「出張の友」としても……。

この〝技〟に加えてさまざまなコスチュームをトルコ嬢につけせさせた。後年のイメージクラブの先取りである。スチュワーデス、看護婦、セーラー服、各種和服に、遊女、尼僧姿と男性の妄想や願望をかき立てた。

そのうえ、風営法の地域制限を逆手に取り、それぞれの地域がさながらトルコタウンの様相を呈した。東京・吉原、川崎・堀之内、千葉・栄町、岐阜・金津園、名古屋・中村などがそうであり、旧赤線業者の結束力を示した。

そのなかでも滋賀の雄琴と神戸・福原が異彩を放った。雄琴は、琵琶湖の湖畔、浜大津寄りの大正川のほとりに忽然と誕生した〝トルコ街〟＝別名ちろりん村＝である。石川県の山中温泉でトルコ風呂を経営していた人物が京都、大阪という大都会に目ぼしいトルコ風呂が存在しないことから、この地に着目。折しも日本は車社会を迎えようとしたこともあって、京都、大阪からこの地まで車をとばせば近距離だとの判断もあった。

昭和四十六年（一九七一）二月に、開村した〝雄琴ちろりん村〟は、あんな草深いところに客が来るものか、という周囲の予想を裏切り続々と客がやってきたのである。恐るべきお父さんたちの「好色」パワーであった。四十七年、八軒、四十八年には三〇軒を超え、五十三年には、風営法（県の条例）の制限いっぱいの四七軒と国道沿いの一角に、赤い灯、青い灯の〝トルコ御殿〟がずらりと建ち並ぶ異様な光景が出現。

〝雄琴ちろりん村〟が流行っていることを知るや吉原や堀之内といったトルコ〝先進地域〟からトルコ嬢たちが新幹線で雄琴まで出稼ぎにやってきた。当時、吉原、堀之内での経験者は〝関東流〟や〝東京流〟の技巧を持つ、とされ、関西以西では引っ張りだこであった。

その〝関東流〟の達人たちが、新幹線の京都駅で降り、タクシーで逢坂山を越え、雄琴へ。なかには〝ヒモ〟と呼ばれる内縁の夫を連れてくる者も。当初、彼女たちは京都や大津のホテルに宿をとるなど雄琴のようすを観察していたが、雄琴が稼ぎになると地元にマンションを借りるなど住居を定めた。かくて、トルコ嬢とヒモに愛犬を含めたその〝お連れさん〟の姿が雄琴の新住民となったのである。ただし、稼ぎになっても周辺に盛り場のない雄琴の水が合わないトルコ嬢たちは、〝トルコ渡り鳥〟となって他の土地のトルコへ飛び立っていった。いずれにせよ、新しいトルコゾーンとしての雄琴は大ヒット。その後、浮き沈みはあるものの雄琴は健在である。

神戸の福原の特徴は「浮世風呂」と名づけた浴室のある離れ座敷で営業した点だ。もともと福原は遊廓として著名な土地。売防法施行後、その建物をいかし、仲居が客の世話をする形をとった。まさに純和風である。大阪、京都という同じ関西の大都市は、売防法成立後、警察の取締りなどからトルコ風呂への転身がうまくいかず、結果としてトルコ風呂不在の地となったなかでのこのユニークな「浮世風呂」は大健闘。そのネーミングもなつかしい響きがするが、関西の大都市ではここ福原しかない新鮮さが受けてヒットした。昭和五十二年（一九七七）の警察庁発表によると、福原の「浮世風呂」は五八軒と記録されている。その後、「浮世風呂」の名は廃れ、ソープランドとして現在も営業中だ。

トルコ風呂からソープランドへと名称が変わっても、旧赤線を引き継ぎ、法の解釈により合法とされた〝ホンバン〟派のこの業界の勢いは、昭和五十年代以降も各種新フーゾクの登場、エイズ騒動、長引く不況などの理由から落ちこむことはあったものの、現在でも全国で一三〇〇店を超えるソープランドが盛業中である。ただし、昭和五十九年（一九八四）の一七〇七店をピークに今日まで年々、少しずつ減少しているのは事実。

■高級、中級、大衆

こういう長期低落現象という状況下で、ソープランドはさまざまな手を打って健闘しているのだ。まず、店によって高級、中級、大衆（格安）というもっぱら料金の違いによって差別化を図ったことが挙げられる。ソープランドの料金は、入浴料とサービス料の二本立てになっていることはソープ体験者なら誰でも知っている。それが「ワン・ツー」なら入浴料一万円・サービス料二万円を意味する。蛇足ながらサービス料は、個室内でソープ嬢と〝泡踊り〟など楽しい自由恋愛に要する値段である。

高級店は「ツー・フォー」入浴料が二万円でサービス料が四万円の計六万円かそれ以上、合わせて一〇万円という〝超高級店〟も存在する。〝自由恋愛〟の持ち時間は二時間。トルコ風呂時代から発明されたもろもろの〝伝統技〟をソープ嬢が駆使。プロの面目にかけても客に最低でも二回、天国へ送りこむ。モデル、女優と見まがうばかりの容姿を持つソープ嬢を揃えているのは、いうまでもない。ために、この高級ソープの評判は外国にも及び、来日する政治家、俳優などのＶＩＰも訪れるのだ。とまあ、なにも興奮することはないが、ともかく高級ソープを一度でも体験したいと思う「好色」お父さんは多い。ただし、最低でも六万円の予算が必要だが……。なお、風評によるといま、最も評判の高いソープは熊本。完全予約の会員制で、それも一ヶ月先まで予約はうまっているとか……。ソープ界の〝並び現象〟——行列ができるほど流行っているとの評判を流すことで客集めを行なう——ではないか、と噂されるほどだが、わざわざ東京から飛行機でかけつけた体験者は「この世のものとは思えない、嬉しさのあまり声を上げた、人生、最高の体験だった」と言っているが、本当だろうか？

中級店は九〇分プレイで三万円から五万円と幅がある。土地によっては四万円でも高級店と称するところもある。つまり、中級店の料金による〝定義〟は難しい。しかも、サービス内容も高級店と同じく椅子遊び、マットプレイ——法では禁じられている——。だが、マットプレイのないソープなんてとの客の要望があり現実には行われている。だが、時折、ソープに抜き打ち検査が入り、マットが見つかると建前として公衆浴場なのに、なぜ、公衆浴場にこんなソープ独特のふわふわマットがあるのだ、と指摘される。それがたび重なると営業停止を食うこともある。そこで、ソーブランドの店長は、必死になって当局の検査情報をさぐり、検査日が判明するや男性の従業員が大あわてで、マットをしまうのである。

中級店でもマットプレイはあり、サービス内容も高級店とほぼ同じだ。違うのは、時間と客を天国に行かせる回数ぐらい。高級店は、紹介したようにその回数は最低でも二回。五十歳以上でもそんなことが可能なのかと思うが、高級店のソープ達人たちは、だいじょうぶ、いかせますと言うのだ。中級店は、ソープ嬢によって二回？「一度でじゅうぶん。なにを助平なことを言っているのよ」、と拒否する者もいれば、「どうぞ、いらっしゃい」、と歓迎する者も。店やソープ嬢個人によって回数はまちまち。

高級店と中級店の違いは、時間を除けば結局、ソープ嬢の容姿や個室の豪華さを含めた、漠然とした雰囲気というしかないが、やはり、見た目がすべて、ということなのか。

大衆店（格安店）は、入浴料・サービス料を合わせても三万円以下ということだが、さらに価格破壊は進行し、既に一万円でお釣りがくる格安ソープが、一〇年以上も前から存在している。なぜ、このように格安店が出現したかというとまず、総体的にソープの客が減少したことが挙げられる。不況のせいで三万円以上の金を払ってソープに通う客が減少――とりわけ建築、土木、不動産といったソープ好きが多いとされる業界から領収証さえあれば接待費として認められた一般企業まで――したこと。となれば、当たり前だがソープ好きは自前でソープに行かねばならない。そこでソープ業の経営者も、この〝自前客〟を獲得するために、料金を下げざるを得なくなったのである。さらに、ソープ業の経営者のなかには経営の苦しくなった者もいる。とくに、古くからチェーン店方式でなく一軒の店を経営している業者がそうだが、建物を含めた諸設備が古くなったが、建て直しという資本を投下する気はなく、チェーン店の経営者かあるいは他業種からの買い取り（風営法では、指定地域外のソープランドは一代限りとなっているので、形式上リースにする）を待っているが、その間、店を遊ばせておくわけにはいかない。

ソープ嬢のなかにも年齢、容姿、性格などの面から高級店や中級店で働きづらくなっている者もいる。かくて、客と店の経営者、ソープ嬢三者の利害が一致し、大衆店（格安店）が誕生したというわけである。大衆店は、たいがい四〇分。回数は一回だが、マット洗いなどのコースは、中級店と変わらない。「安かろう」「悪かろう」と思うお父さん族がいるだろうが、大衆ソープファンは決してそんなことはなく、ソープ嬢も親しみやすい家庭的なタイプが多い、という。

■大衆店のソープ嬢とその客

家庭的なソープ嬢ってどんなものか。途中経過は省略するが、格安ソープファンの伝手をたどり、ある大衆ソープで働くソープ嬢と会い、話を聞いた——。

みどり嬢、三十四歳。他のフーゾク業を経ずに十八歳でいきなりソープで働き出す。途中、二年間の休業——自称実業家に、結婚をエサに騙され、それまで貯めた二〇〇〇万円をそっくりとられる——があるので、一四年間のソープ人生。その間、九州、沖縄を除き札幌、岐阜、神奈川、東京などのソープランドを転々としている昔流にいえば、風の吹くまま気の向くままの〝トルコ渡り鳥〟である。小柄で豊満な身体——古いことばだとムチムチプリン——をしていて、九〇センチ近いバストが自慢。小柄のせいか実際の年齢より四、五歳下に見られることと、美人ではないが、客に愛嬌がある顔といわれている。それと、持って生まれた体力があることから、二十三歳の最盛期には一日一〇人の客をこなした経験を持つ。このハードな〝肉体労働〟を病気ひとつせずに務めてきているのだ。将来の目標は、小料理店経営だが、働けるかぎり四十歳になってもこの仕事を続けるつもり。最も稼いだ時期（二十五、六歳）で月収一五〇万円を超えたが、現在は、その半分強の八〇万円平均。勤務条件は一日働いて一日休むという方式だが、年齢が上がるにつれ、どうしても指名客が減少することから、早番（日の出から午後四時）専門になっている。働く地方や店を替わると、まだ顔が売れてないことからよほど美人（写真顔見世が現在では一般的）でないかぎり、なかなか指名客がつかない。店は、新しく入ってきた者に配慮、なじみのソープ嬢を持たないフリー客や一見客に「この娘はどうですか」と勧める。だが、それも入店一ヶ月間など限定される。入浴料金が安い分、高級店のナンバーワンなら月に五〇〇万円（客が払うサービス料はソープ嬢のものが原則だが、そこから一人五％程度の〝づけ込み〟と呼ばれる手数料を店に支払うなど複雑なシステムがある）は固いが、サービス料の安い中級店、大衆店のソープ嬢となると、こんな大金は稼げない。

忙しいときには、一日五回も入湯するので、湯当たりと湯気により体調を崩す者が多い。とりわけ皮膚が荒れカサカサになる。趣味としては飲酒が多く、ついでショッピング……といったところだが、さて、かんじんの客とのやりとりはどうか。とうてい彼女の一四年間のソープランド暮しのすべてを紹介できるスペースはないので、その一部を――。

○客からの質問（訴え）で最も多いのは――モノの大小。オレのはどうだ……とつき出す。

これまで一番大きいのは、カンコーヒーのカン並み。思わず冷蔵庫から取り出し、握りくらべてみた。コンドームが装着できない、フーゾクでも嫌われるとションボリ。小さいのは、本当に小指の先。大きくなってそのサイズだから、ふだんは、見えないのでは？……。でも、どうだ、といわれ、ナミよ、と答えてあげた。

変わったチンチン。裏側にピップエレキバンを貼り付けたもの。お客さんいわく「これを貼っておくと元気になるんだ」だがちっとも元気ではなかった。

○客の年齢層――中坊（中学生）から七十八歳まで。正確にいうと中坊は、中学の卒業式が終わり、高校進学を控えた春休みにやってきた。もちろん、この年齢でソープに入ってくることはできないが、一メートル八〇センチ近い体格の良さと態度のでかさにフロントが通してしまった。入ってくるなり「オレ、ここのところ、やり過ぎで疲れているんだ。お姉さん、時間、かかると思うが、そこんとこよろしくな」。なに、矢沢を気取ってんのよ、中坊とは思わなかったが、十七、八歳のツッパリ小僧かな、と。それで、パンツを脱がせて、サービスをしたところ、あれあれ、ちょこっとさすってあげると、その場でイッてしまった。さすがにこの中坊もバツが悪い、とみえて終わったあとは素直に「オレ、初めてなんだ」と本当のことを話した。あんたの年齢では二度と来てはダメよ……って言っておいたけど。

〽ドングリころころ……の替え歌〽チンチンころころ……をご機嫌よく歌いながら月に一回のペースでやってくる七十八歳の元漁師のおじいちゃん。このぐらいの年齢になると滑りやすいソープでは足元が心配になるが、このおじいちゃんは例外。〽マンチャンはまっていい気持ちと歌い続け、最後は〽いっしょにヘッペやりましょう……でやることはちゃんとやって帰って行く。

歌う年金おじいちゃんは、こんな元気なのにまだ四十代半ばのどこかの営業おじさんは「疲れた、疲れたぁ」を連発しながら、いつもカバンに詰めてある栄養ドリンクをグビグビ。そんなに疲れているのなら早く家に帰ればいいのをソープに来る。「疲れた」のあとは仕事の愚痴を延々と訴える。四〇分間しかないのですることを早くしようとするが、こっちも疲れた状態で、時間ぎりぎりでやっとゴールに達するありさま。そんな状態が続いていたが、あるときカバンからいつもの栄養ドリンクではない錠剤を取り出し、にやにや笑って「今日はトリプルで頼むよ」。トリプルとは、通常の三倍の時間と料金のこと。錠剤は、バイアグラ。男性の気持ちが信じられない。バイアグラまで使ってソープに来るの？

◯ヘンな客――ソープって夜のクリニックだと思う。とても、奥さんやガールフレンドにはお願いできないヘンな癖を持った客が多い。ピンクの女物下着の四十代のおじさん。来る前にコンビニでわざわざ買って喜んでやってくる。なぜか自分のことを「友子ちゃん」と呼んでといい、ピンクパンティにはき替えると「かわいい？」と訊く。バカバカしいけど、「友子ちゃん、かわいいよ」と答えると嬉しそうにジャンプしてみせる。頭髪の薄い四十男が、これよ……どこかの社長らしいけど。セックスはフツー。

毎回、ボディソープ、シャンプー、ヒゲそり、コンドーム、下着、靴下などのセットを抱えてやってくる二十代の会社員らしい青年。なぜと訊くと「オレ、清潔好きでよそで風呂に入るとき、こうしないと落ち着かないんだ」。確かにソープは、お風呂があるけど大衆浴場じゃないんだけど。それに清潔好きならセックスって決して清潔じゃない行為。このクリーンな青年は、それが気になると見え、来ると必ず「今日、オレが口開け？」と聞く。口開けの時間などとっくに過ぎていて、この青年が口開けなら、客が一人もつかないお茶を引くことになるが、そこは夜のクリニックだから「そうよ、あんたが口開けよ」と答える。「よし、調べてみるよ」と疑わしい目をして、アソコをチェック。バカバカしい……。

ピシッてスーツを着こなし、バラの花束にワインをさげてきた四十代に見える自営業者風のおじさん。何事かと訊くと「今夜は、ぼくの三十九歳の誕生日なんだ。そのお祝いをしようと思ってね」という。この客は、確か三度目のはず。それまで二回は、印象の薄いタイプだった。その客がなぜ、ソープで指名して誕生日祝いなのか。

「いやあ、あんたも誕生日とかクリスマスとか世間のみんなが祝うこととは縁がないと思ってね」とのたまう。あたしのことは放っとけ……よけいなお世話というものだが、ここは客の顔を立てる。「そうよ」「そうだ、雰囲気を出そう。キャンドルとラジカセ持ってきたんだ」。カバンからローソクとラジカセを出して、ソープでの誕生会……。その後、この客は二度と現われていない。
○困った客——どこのソープでも困った客や嫌われる客のナンバーワンは、酔っ払い。ソープは高級、中級、大衆を問わずに、客に発射してもらうのが仕事。ソープ嬢のプライドに懸けて客に発射させる。それが酔っていれば時間がかかるうえに泥酔していれば時間切れになってしまう。最悪なのは、お風呂のなかで正体をなくして寝てしまう客。深夜サウナではないのだから。酔った勢いでソープに来る気持ちは分かるが、酔いすぎご用心。

スカトロもおしっこまで。これは個々のソープ嬢によって違うが、おしっこを飲ませるのは抵抗がない。しかし、飲むのと〝大〟は、まあ、ほとんどが拒否。とくに〝大〟は……。聞いた話だが、サービス料と別に一〇万円のチップをもらって〝大〟をさせたが、その後がタイヘン、部屋の消臭を目いっぱいしたが、次の客が臭いといいだした。店には大目玉をくらうし、その日、部屋を使用することができずに仕事放棄。一〇万円欲しさの〝大〟だったが、大損の結果に終わった、と。〝小〟を飲む客は、尿の成分にものすごく敏感。店に来る前、ニンニクたっぷりのラーメンを食べてきて、〝小〟好みの客に、おしっこをかけたら「ダメだ！　今日のはニンニク臭い。オレは、フルーティなおしっこが好きだから今度は、リンゴを食ってきてくれ」。

あそこを物置代わりにする客。バナナおじさんがいて、バナナを持ってきて入れるわけ。もちろん、バナナぐらいの大きさ、長さはどうってことないけど取り出して、目の前でムシャムシャ食べられるのは、どうも。持って帰って食べたらどうですか、というと採りたてが一番だ、というから始末におえない。バナナおじさんもいれば、ゴーヤお父さんもいる。

ゴーヤって、そうそうイガイガのある野菜よ。バナナに比べるとイガイガのある分、ちょっと入れるのに抵抗があるけどまあ、バナナと同じ。ゴーヤお父さんは、バナナおじさんとは違い、取り出したゴーヤを生かじりするわけではなく、ビニール袋に入れてカバンに大事そうにしまいこむ。どうするのって訊くと「食うに決まっているだろう。家族でゴーヤチャンプルーにしてな」。本人は趣味だからいいけど、奥さんや子供さんがかわいそう。

○ハプニング――本当に父親にバッタリ出くわしたって話は聞いたことがあるが……、びっくりしたでしょう。「おまえ、こんなところでなにしてるんだ」「そっくりお返しするわ。お父さんこそ、なにしてるのよ」。まあ、こんな調子だったろうね。

実の父親、兄弟に会うことはきわめて珍しいが、友人、知人とバッタリ会うケースは、長期間働いているソープ嬢はみんな経験していると思う。中学校時代の教師と会ったしね。この教師は体育担当だったけど客として現われた瞬間、おたがいにすぐ分かった。でも、大人だしね。すぐに初対面の客とソープ嬢の演技をしたほうがいいと判断。「ここ、初めてですか？　みどりと申します」「出張できましたが、いい街ですねえ」「お風呂の用意ができました」なんて淡々とね。脱ぐものは脱いで、お風呂も一緒に入って、きわめてスムーズな流れで合体……。別れ際に何か一言あるかな、と思ったが「また、こっちに来たら顔を出しますよ」「ぜひ、その節はよろしくお願いします」。

◯アルバイト――えっ、ソープ嬢もアルバイトをするのって？　しますよ。ソープの勤務時間が終わればフリー。客のなかには、キャバクラや一般クラブのホステスと同じようにソープ嬢との店外デイトを望む者もいる。ソープの個室でさんざん気持ちのいいことをして、なおかつ店外でもという客がいるのかって？　それが、いるのよ。男と女は、セックスだけじゃあない。最終的にはセックスするんだって途中経過があるでしょう。映画を観たり、食事をしたり、飲み屋をハシゴしたりして、ゴールが、セックス。分かる？　まあ、分からなかったらいいか。世の中、いろんな男女がいるって理解すべき。休みをとって旅行に行くことだってある。

ただし、その際、ちゃんとおこづかいをもらうのが、ふつうの男女のデイトと違うところかな。たまたま、ある役人とつきあっていて、その役人が地方出張が多い。もちろん、その役人とはソープで客とソープ嬢として知り合い、役人が店外デイト、それも地方出張に一緒にこないかと誘った。ディスカウントしておこづかいは一日二万円。当然、旅費、ホテル代、食費は彼の負担。こういうのはダンナとかスポンサーっていうのでしょう。ソープ嬢にもスポンサーやダンナがいるってわけ。その逆がぶらぶら遊んでいるヒモとかチンピラとか最近では金食い虫のホストだけどね。

アルバイトの話を続けると、ちょんの間って知ってるでしょう。たいがい昔、赤線のあった地域に、しょぼくれた小料理屋がかたまって建っていて、おでんとか焼トリを売っているところが、全国どこの盛り場にもある。そこの奥とかあるいは二階でちょこちょこと男と女がすます。布団なんかちゃんと敷く余裕がないので、スカートならスカートをとって、パンティをさっさと下して、さあ、いらっしゃいと座布団を布団代わりにする。ソープに比べれば、味もそっけもないインスタント味。でも、これはしかたのないことで男はともかく早く出したい一心で、女もさっさと片付けて、お金にしたいだけだから。まあ、夜空にパァーンと一発花火を打ちあげるようなものね。そんなきれいなものかって？　人、さまざまよ。花火だって散ってしまえば、何も残らないでしょう。それでも、瞬間は美しい。それよ、それ。

で、おもしろいことにこの花火のようなちょんの間が、いまでも全国で根強い人気があってね。ところが、この世界、人手不足。知り合いの経営者から声がかかって、ソープが休みの日、アルバイトしないっていうの。しかも、取り分を七対三にするっていうの。もちろん、七が私。一万円だから七〇〇〇円になる。ちょこちょこっと三人もこなせば、二万一〇〇〇円。こういうアルバイトもしている。

これが大衆ソープ、みどり嬢の〝身の上話〟の一端。高級ソープ、中級ソープで働くソープ嬢にも、それぞれ異なった〝身の上話〟が当然、あるだろう。もちろん、ソープ好きの客にも、それはある。

いずれにせよ、ソープランドが、スタートしてかれこれ五〇年。世界でも珍しい形態の風呂つき、独特のマッサージサービスあり、〝ホンバン〟系の王さまとしてすっかり定着。男と女の〝愛の戦場〟として根強い人気を得ているのだ。

■「線後」生まれのちょんの間

大衆ソープのベテランソープ嬢みどりさんがアルバイトをしているという「ちょんの間」

（チョイの間とも言う）も「線後」に生まれた。みどりさんの話にもあったように、かつての赤線や青線、さらに荷風の〝玉の井〟のような私娼街の跡に、小料理屋あるいは割烹の看板を掲げた店が、いかにも怪しげに出現。通常の店に比べ、尋常ならざる雰囲気を漂わせている。なかには、それらの店の前に、おばちゃんが立っているところや若い娘が椅子を持ち出して、「寄ってらっしゃい」、と座っているところも……。一見して遊べる……と思わせる、そんな裏街や路地裏が全国に広がっているのだ。具体的な地名を北から並べてみよう――。

札幌（南六条）、函館（セキセン）、福島（置賜町）、横浜（黄金町）、群馬（太田）、川崎（堀之内）、東京・町田（田んぼ）、東京（吉原）、名古屋（中村大門）、三重（渡鹿野島）、大阪（飛田新地）、大阪（松島新地）、大阪（信太山）、大阪（今里新地）、京都（五條楽園）、和歌山（天王新地）、松山（ネオン坂）、高知（上町）、徳島（栄町）、別府（浜脇）、福岡（春吉町）、小倉（京町）、沖縄（宜野湾・真栄原）、沖縄（石垣島・十八番街）などなど。

このように「ちょんの間」は全国各地で盛大に営業中なのである。〝ホンバン派〟だから非合法なのはいうまでもないが、派手に営業しないかぎり摘発されることは少ないので、客は安心してこの「ちょんの間」地帯に出かける。「ちょんの間」はその名前のとおりに一五分単位で「色事」というか男女交接が行なわれる。しかも、その料金が五〇〇〇円から、という安さ。「まちがいなく日本一」と娯楽誌に太鼓判を押された沖縄・宜野湾市のその名もクラシックな「真栄原社交街」を例に「ちょんの間」サービスを。

波の上のソープ街や各種クラブ、フーゾクが密集する那覇の盛り場である松山から車で一五分、コザ（沖縄市）方面へ走ると、国道沿いに小さな商店街がある。そこで車を下りると、路地の入り口に「真栄原社交街」の看板が掲げられている。周囲には、ふつうの住宅やマンションが建ち並んでいる。そのなかにで地元では新町と呼ぶ約一〇〇軒の〝ちょんの間〟ゾーンが営業しているのだ。他の土地の「ちょんの間」は、紹介したように、盛り場のはずれの旧赤線の周辺で営業しているのだが、ここだけは住宅街のなかという異様な光景となっている。

しかも、真栄原の「ちょんの間」街の建物は、いかにも安直なバラック建てがほとんど。なぜ、こんな場所に「ちょんの間」が誕生したかというと、そこに戦後沖縄の歴史がある。

日本の敗戦後、沖縄を支配した米軍は、駐留する兵隊のために慰安所の設置を図ったが、商店、住宅や役所の建ち並ぶ一角に、慰安所という名の売春ゾーンを設けるわけにはいかない。そこで、当時、人家がほとんどなかった真栄原に慰安所を開いた。かくて野原のなかに、バラック建ての真栄原新町なる慰安所がスタート。ところが、沖縄も戦後の復興から本土復帰と経済成長を遂げ、野原は住宅街に変わり、そこに取り残された形で、バラック建ての慰安所が営業しているのだ。

そのバラック建ての「真栄原社交街」の各店のドアは、いつも開かれていて、その前に椅子に座ったお嬢さん——大仰ではなく、この街は十代後半から二十代前半が主力——たちが、ミニスカート、胸を大胆に開いたブラウスなど挑発的なスタイルで客を誘う。

この街の料金は長年、一五分五〇〇〇円だったが、最近は一万円の店も出てきている。いずれにしても、「早く」「安く」が基本パターン。一五分ではちょっとなあ、味気なさすぎるというお父さん世代は、上がる、上がらないは別として、まるで女性不足にあえぐ西部劇の一シーンを見るつもりで足を運ぶ価値がある。

なお、この「真栄原社交街」で最も儲かった人種は地主。戦後、米軍に土地を貸し出し、地代を徴収、復帰後は、バラック建ての権利――バブル期には、権利金五〇〇〇万円まではね上がった。現在の家賃は月に二〇万円――で巨利を得ているのだ。

「真栄原社交街」と並ぶ「ちょんの間」の〝名所〟が、大阪の飛田新地。一五分一万一〇〇〇円と真栄原に比べれば、割高だが、それを補ってあまりある風情がある。

もともと遊廓街として、関西はおろか全国でも著名だった飛田は、現在でもその面影を色濃く残している。建物、街並み、店の前や玄関口に、やり手婆さんを従えて着物やドレス姿で座る女性たち――ここも真栄原と同じく若い女性が主力――と、大仰にいうと昭和初期にタイムスリップし、いまでも映画「悪名」の勝新太郎と田宮二郎が、ぬっと現れるのではないかとの錯覚におちいる。まさに荷風の時代である。ここも、遊ぶ、遊ばないは別として一見の価値がある。さらに、この飛田新地のご近所が、西成地区（旧釜ヶ崎）。ごぞんじ格差社会の〝底〟に位置する、長年、日本でビンボーを絵に描き、日中から泥酔おじさんがふらつくところ。ここも、一見の価値あり……だ。

真栄原、飛田ほどではないが、各地方で「ちょんの間」が存在する地域は、それなりに味がある。とりわけ、五十代以上のお父さん、おじいさん世代にとっては、過ぎ去りし日々を追憶し、なつかしさに胸がふさがる思いがすること請け合い。荷風をもじれば、我は昭和の児なり……である。

■温泉芸者とコンパニオン

味気のない「ちょんの間」でもなくマット洗いなど〝近代技術〟を駆使するソープランドでもない、しっとりとした情緒のある〝ボンバン〟派はないのか。それこそ、荷風の時代の〝芸者〟は、どこへ行ったのか……。最近は聞かなくなったが、数年前までは政治家連中は、赤坂、築地などに集まり芸者を呼び〝待合政治〟を展開していたではないか……。

あの芸者たちは、何処に行ったのか……。一般人たちが抱く感想であろう。それでも、昭和四十年代から五十年代に社員旅行という、温泉地で一泊二日のドンチャン騒ぎを経験しているお父さんたちは、温泉芸者のことは知っている。

宴会はとりあえず社長なり部長なり、要するに社員旅行に参加したなかで社内で一番エライ人が、宴会場という大広間に集まった社員たちを相手にあいさつをする。それが終わると「まあ、一杯いこう」と献盃が開始。そこへ着飾った芸者衆の登場である。もちろん、着物姿。あいさつがあって、たいがい最も年輩のお姉さん芸者の三味線伴奏による比較的若い芸者たちの踊りが始まる。〽深い山から谷底みれば……とか〽髪の乱れは、あなたのせいよ……といった歌も披露される。

小唄、三味線、端唄、日本舞踊などに造詣があれば、ほら、これは花柳流だとか隆達節の流れを汲んでいるなどということが分かる。もちろん、田舎芸者でも、これは真に打ち込んでいると感心する者もいる。だが、そういう教養や知識のない一般のサラリーマンにとっては、退屈この上ない。

その様子を見て、お姉さん芸者が「さあ、陽気にまいりましょう」と野球拳を弾きはじめる。〽野球するならこういうぐあいにしやさんせ！　ヨヨイノ　ヨイ　ジャンケンポン……。

いまの若者は知らないだろうが、こうやって〽ヨヨイノヨイ、と芸者と野球拳でジャンケンをしながら負けた者が一枚、一枚脱いでいく。もちろん、男のハダカなど見ておもしろくも何ともないので芸者が負けると拍手カッサイ、場が盛り上がる。

たあいもないと言ってしまえばそれまでだが、一般人が経験する温泉地の芸者遊びは、そのほか三味線の伴奏つきで歌を披露するとか芸者のお酌にエロ話とそんなもの。あらかじめ幹事が旅行社や旅館と芸者の〝花代〟——三〇分を〝一本〟と数える。〝一本〟がだいたい五〇〇〇円。二時間なら二万円程度——を交渉し、宴会料金に組み込んでおくので、一般社員は芸者にどのくらい支払いをしているかは分からない。

しかも、昭和五十年代に入ると、やれ、踊りだ、三味線だ、小唄だ、行儀作法だと伝統の技習得のため育成に時間のかかる芸者不足——とりわけ若手——が生じ、京都の祇園など伝統的な〝花街〟を除き、温泉地では芸者を大募集し、山梨の石和温泉では、農閑期の農家の嫁をにわか芸者に仕立てたほどだ。そういう芸者不足の解消策として〝芸〟はないが〝若さ〟と〝色気〟ならまかせておけ、というコンパニオンが登場。もちろん、彼女たちは三味や踊りといった芸者の〝伝統芸〟とは無縁である。幸いなことに、三味線の代わりにカラオケが普及していて、伴奏には困らない。温泉地の宴会に参加する客も三味線よりカラオケ……の世代が圧倒的になっていた。とはいえ、温泉地の宴会に芸者は欠かせない、との古い世代もいる。そこで、芸者とコンパニオンが混在する奇妙な宴会がしばらく続いた。

まず、地元の「置屋」に所属する年輩の芸者による古典的な踊りや歌が披露され、客はとりあえずそれを見物する。この〝芸〟が終わるとコンパニオンが登場。カラオケが鳴り、歌と踊り、といっても客とコンパニオンのチークタイムだが、要するに場は一転してピンクムードにつつまれ、客の口説きも始まる。こんな雰囲気のなかで芸者とコンパニオンの間がうまくいくわけがない。しかも、芸者は地元の置屋から来るのに対し、コンパニオンは近郊にある市のコンパニオン事務所からの派遣組で学生、ＯＬ、人妻といった混成グループ。「お座敷に出るのだから、すこしは行儀作法を勉強しなさい。大口あけて、大股開いて、ガハハ……とやっているんじゃあないよ」と芸者が文句をいえば「なによ、着物を着ているだけのおばあさんじゃないの。うるさいことといわないで田んぼの草むしりでもしてればいいのに」とコンパニオンも負けてはいない。

それでも、古い世代は、温泉地の生き地引のような古手の芸者の、あの老作家が若いときには……とか、保養に来た歌舞伎役者の熱い日々が、どうだったなどの〝昭和一代記〟を聞く楽しみがあった。だが、しだいに〝温泉芸者〟より万事に手っとり早いコンパニオンの時代へ。しかも、そのコンパニオンにもさらなる〝ピンク度〟をという要望のもとに、フィリピーナ、台湾娘、中国小姐という外国人女性が加わってきたのだ。もはや、温泉地の宴会はそれまでの伝統など皆無の、ただのドンチャン遊びとなったのだ。さらに、時代は流れ、仕事場を離れてまで上司、同僚と一緒の社員旅行に行きたくない、なにが親睦だ。そんな金があるならボーナスにしてくれ、との世代が主流を占めるようになった。しかも、社員旅行は国内の温泉地から外国旅行が主流を占めていたが、その外国旅行も新しい世代は拒否するようになったのだ。かくて、何が何だか分からないが福利厚生、社内の和を保つために、社長以下一丸となって〝ハダカ〟になり、その大義名分のもと主として温泉地でドンチャン騒ぎを敢行しようという日本の会社社会の社員旅行という〝伝統〟もこれにて終了となったわけだが、往時をしのび、もうすこしこの〝芸者遊び〟の実態を報告しよう——。

日本髪、着物姿、踊りに三味の音、さしつさされつ……情緒溢れるその世界にひたれば、もう一歩踏みこんで、しっぽり濡れてみたいと思うのは「好色」の常。だが、芸は売っても身を売らぬは……芸者の世界である。だが、例外のない規則はない、ましてや男と女の世界ではないか。あやつり、つられ、恋の火花よ……。この芸者とのもろもろの道行きを小説にしたのが、泉鏡花であり永井荷風であった。

■枕芸者は大五枚？

それはともかく一般人も、芸者の世界にインスタントでもすっぽりはまってみたいと願った。そして、それを実現したのが「枕芸者」の存在だ。温泉地なら話の分かりそうな旅館の番頭や女将に、ムニャムニャ……と頼む。ムニャムニャの内容は「芸者さんと添い寝したいが……」とか「芸者さんとオールナイトで遊んでみたい……」でもなんでもいい。ようするに、一夜をともにする芸者さんはいないか、と頼む。〝表〟の座敷に芸者を呼び、そのなかからこの芸者さん、と女将に頼むこともあれば、誰でもいいと不見転《みずてん》でもいい、と思う場合もあろう。お好きにどうぞ。あるいは〝表〟の座敷に呼んだ芸者のなかからこれぞと思う相手がいれば直接、交渉してもいい。

話がまとまれば、その芸者の仕事が終わったあとに「しっぽり濡れる」のだが、がっくりすることもある。芸者が、いったん「置屋」に帰り、着替えをしてくるケースが多いのである。そして、しかるべきホテルに行くのだが、着替えてしまえば、ふつうの洋服姿の娘かあるいはおばちゃんである。あらあら、これでは通常の〝ホンバン〟行為ではないか、と思ってもあとの祭。〝表〟の花代と合わせて大五枚……トホホ……だが、これもまた「好色」のなせる業とあきらめるしかない。

その着替えの〝欠点〟を補おうと思ったかどうか芸者姿（着物）のままの〝お床入り〟ができると二〇年以上昔から評判だったのが、東京・向島。荷風にもおなじみの土地である。友人、知人の紹介が必要だったが、向島の旅館で待っていると芸者がやってくる。若くて二十代後半、三十代が主力だが、そこそこの美形が揃っている。芸達者とはいえぬまでも、コンパニオンではなく一応は芸者ということになっている。

時間は流れ、宴会が終わるとそのまま部屋へとなだれこむ。その後、至福の時間だったかどうかはあくまでも個人の判断だが、とにもかくにも、芸者としっぽり……ではあった。不粋ながら合計大五枚。

なお、芸者遊びの自称達人に訊くと〝表〟の座敷で知り合った芸者から置屋の連絡先を記した名刺をもらい、通常のデイトのように、彼女を昼間、誘い出す手が、最も効果的だ、とか。ふつうの娘さんのようにデイトに慣れてない芸者は、喜んで出てくるそうである。

ただし、それでくどけるかどうかは腕しだいだ、とも。そんな腕があれば、「好色」おやじは苦労しない。

なお、芸者の「ダンナ」になるには、一般人はムリというもの。水揚げ（娘から女へ）一〇〇〇万円以上、旦那披露目（公認の旦那となること。結婚披露のようなもので、妾宅を構えさせてやったりもする）三〇〇〇万円以上という、一般人にとって途方もない金を支払い、芸者のダンナになるにはＶＩＰでなければ不可能。政財界〝大奥物語〟については、聞くだけでも、腹が立つばかりである。しかし、昔流にいえば、それほど大金を投じても〝お妾さん〟ってすばらしい存在なのであろうか……。ねえ〇〇電機の名物社長さん、大新聞社の元社長さん、元首相さん……。

第五章　素人の時代

■テレクラに集った若い素人娘

昭和六十年（一九八五）、新宿・歌舞伎町の「アトリエ・キーホール」の電話が鳴った

――テレフォンクラブ（テレクラ）のスタートである。

携帯電話の全盛時代にいまや、テレクラ？　そんなものあったのと過去の遺物扱いされているが、このテレクラがいわゆる素人をプロの集団であるフーゾクの世界に送りこむ大きなキッカケとなったツール（道具）なのである。

それにしても、テレクラの普及、ヒットはすさまじかった。第一号の新宿を皮切りに都内全域、さらに横浜、名古屋、大阪、札幌などの大都会でテレクラが始まり、それがまたたく間に地方都市といったぐあいで、テレクラはあっという間に全国区になったのだ。なにせ、元祖テレクラともいうべき「アトリエ・キーホール」は、それこそ〝電話一本〟で一年間で会員数一万一〇〇〇名、年商三億円を記録したほどだ。

その後、伝言ダイヤル（八六年）、ダイヤルQ（八九年）という新種も誕生するなど、テレクラは盛り場産業の雄にのし上がったのだ。テレクラは複数の電話機を設置し、その

店の会員となるかあるいは入場料を支払い、個室に待機している男性が、外からかかってくる女性からの電話をキャッチするのが、基本パターン。

二人の間でうまく会話が成立すれば、場所・時間を決めてデイトの運びとなる。

実際、会ってみてそのデイトがお茶と食事だけで終わろうが、意気投合してホテルに行こうが、当たり前だが、それは二人の自由。テレクラは一切関知しない。したがって、テレクラは出会いのキッカケを設定するだけなので、フーゾクではなく、新風営法の枠内ではないので警察は関与できない。

テレクラがスタートし、おもしろい遊びが誕生した、と口コミやあるいは記事になると世の遊び好きの男どもが殺到したが、お父さん世代は、それまでの体験からしたり顔に「フン、どうせ電話をかけてくるのはプロだろう。要するに、店がサクラを用意しておいてその連中に電話をさせる。素人の学生、ＯＬ、人妻なんかが気軽に電話をかけてくるわけがない」とテレクラは、やらせ、だと思いこんでいた。

確かに、テレクラの初期の頃には、知り合いのフーゾク嬢に依頼して、サクラとして電話をさせている店もあった。だが、テレクラ人気は、お父さん世代の想像を超え、若者たち――とりわけ学生、ＯＬなど若い女性たちの間にまで広がったのである。

その後の携帯電話の普及を見ても分かるように、いまの若者は、それより上の世代からみると異常と思えるほどの電話好き。誰かと実際に会っていながらも、携帯電話を離そうとせず、目の前の相手をかまわず別の者と携帯電話でやりとりをすることがいまや当たり前の光景となっているのだ。どっちかにしろ、とお父さんたちは怒鳴りたくなるほどだが、その若者たちの電話好きを結果として商売に結びつけたのがテレクラだった。

恐らく、テレクラを思いついた業者は、ヒョウタンからコマだったのだろうが、日本中の街で、「沈黙は金」「男は黙って……」など過去の金言はかなぐり捨て、男どもは争ってテレクラにかけつけ、電話をとった。

「そう、映画、好きなの？　趣味合うじゃないの。車、好き？　そう、車、ちょっとうるさいんだ、ドライブ、行こうよ」「えっ、そんなあ、いくつですか？」「いくつだと思う」「そうねえ、二十七、八歳かな」「ピンポン！　二十七歳。電機関係の会社員、独身。そこそこハンサム」と必死にしゃべりまくり、何とかデイトまでこぎつけようとした。もちろん、うまくいく場合もいかない場合もあり、デイトの約束をとりつけても、すっぽかされたりあるいは実物を見て、電話とは話が違う、とさようならと帰られるケースもあった。しかし、デイトまでこぎつける確率が何％か分からないが、現実にデイトに成功し、いい思いをした者もいた。それを聞けば、自分も、自分もと、男たちはますます張り切る。

ただし、男と女の戦場は、元来、ハンディキャップレース。圧倒的多数の男性が攻めようとも、女性にその気がなければ勝負にならないはずだった。

ところが、明らかにテレクラがスタートした頃から、女性――とりわけ若い世代――が、その気になっていたのだ。ブルセラショップで「パンツを売る」少女たちが、テレクラにも着目したのだ。「おもしろそう」とテレクラに飛びついたのである。

しかも、盛り場には、既に先行する〝ホンバン〟派の「愛人バンク」や「デイト喫茶」などが存在していた。いずれも、バブル期前に登場した新営業だが、それまでフーゾクの世界に数少なかった学生、ＯＬ、人妻たちがそこに加わっていたのだが、そのほかに、「ホテマン」と呼ばれたホテル、マンションで〝ホンバン〟を行なう完全非合法の売春も歌舞伎町などの大きな盛り場ではさかんだった。この「ホテマン」も、学生、ＯＬ、人妻たち素人が主役だ、との業者側のＰＲだったが、その割合は少なく、ピンキャバなどの出身者が多くを占めていた。

だが、「愛人バンク」や「デイト喫茶」から「ホテマン」まで、素人が加わってきたのは事実。しかも、若い世代ばかりか三〜四十代の熟女と呼ばれる世代までが、盛り場デビューしたのだ。一般クラブでは熟女クラブ、「ホテマン」では人妻専門マントル、ホテトルがそうである。一時期とはいえ、この熟女がちょっとしたブームになったのだから、それまで若さばかりがもてはやされたフーゾクの世界に異変が生じた。男どもはちょっと変わっていれば飛びつく、それだけ「好色」の道は広いということであろう。しかし、いかに好奇心旺盛とはいえ、三、四十代の熟女ばかり集めた熟女クラブが、いくら目新しいものが好きな客が多いとはいえ、そうそう長続きするものではなく、熟女クラブの寿命は短かった。だが、ホテマン業界での人妻＝熟女＝好みは多く、その後、定番人気となり、今日まで続いている。

やはり、フーゾクの場で求められるのはいつの時代でも「若さ」であり、アマチュア《素人》風味であることは変わりはない。そこに「ノーパン喫茶」「ブルセラショップ」から「キャバクラ」に「テレクラ」という新種が誕生。どっとフーゾク市場に、若い層が加わったのだ。

しかも、一昔前の表現を用いれば、女性の「貞操」観念の変化である。戦前、戦後といちいちその変化を追う余裕はないが、ごく簡単にたどると処女喪失年齢の低年齢化であり、処女喪失即結婚という世間一般の通念の変化である。かくて、結婚を前提としない〝同棲時代〟がスタート。戦前なら姦通罪として獄舎につながれる「不倫」もいまやトレンドになっている。セックスつきの〝恋愛〟至上主義の世の中になっているのだ。〝同棲時代〟とも〝不倫〟とも縁のない多数の男たちには、うらやましいかぎりだが、それはさておこう。

■小学生もエンコー

とにもかくにも、セックスつきの〝恋愛〟が世にはびこるようになったことにより日本――とりわけ若者たち――も変わった。加えて、戦後の世は、これもまた細かい分析は省くが、むき出しの金の威力が猛威をふるう傾向が、年々、強くなってきた。「カネのないのは首のないのと同じ」との極論がまかりとおり、ついには金持ちと貧乏人の格差社会に平成の今は陥ったのである。

となれば、手っとり早く金を得ることが先決。見わたせば、盛り場やフーゾクには、「ノーパン喫茶」「ブルセラショップ」など、とりあえずパンツを下ろしさえすれば、その金がころがっているではないか。しかも、世をあげての、戦前とは異なりあけっぴろげのセックス、セックスの大合唱。

「ブルセラショップ」「ノーパン喫茶」「テレクラ」から「援助交際」(エンコー)に至るのは、あっという間だった。そして、エンコーは、日本全国に燎原の火さながらに広がり、連日、マスメディアにエンコーの記事が掲載されるようになったのである。しかも、このエンコーの相手が、一般のサラリーマンは当然のこととして、教師、警官、弁護士、医者など、その職業ゆえに一般的には「隠れ好色」と呼ばれる連中も、エンコーにはまったことが報道され、みんな、やるんだ……、と思わせた。

要するに、「おじさん、援助してくれない」と持ちかけられれば、「そういうことをしてはいかんだろう。一度、会って話を聞かせろ。ウン、歳はいくつだ。十七歳? 早すぎる……」と言いながらも会えば「好色」の血が騒いでしまう。結果が大二枚。

しかし、高校生は当たり前、中学生も珍しくなく、ついには小学生までがエンコーする世の中になると、さすがに野放しにはできない、と各都道府県が青少年健全育成条例を設け、援助交際の温床となっているテレクラやデイトクラブの出店規制を厳しくし、九〇年代後半からさしものテレクラも営業不振となり、今日ではほとんどその姿を見ない。

だが、なにせ「売る、売らないはあたしの勝手でしょう」のエンコーそのものが廃れたわけではなく、むしろ増加。それに、プロが加わる形では「セリクラ」――デイトする権利を男性客にセリ落とさせる方式――が誕生。男性は、二〇〇〇〜三〇〇〇〇円の会員登録料を支払い、店内へ。店内にモニターテレビが設置されていて、入店する女性の容姿がそれに映る。この女性だ、と思えば、あらかじめ配られている用紙にその女性の番号と落札価格（五〇〇〇円程度）を記入し、店の従業員に渡す。その女性に複数の希望者がついた場合、最も高い落札価格をつけた客がその女性とデイトの権利を得る。ただし、女性にも「ああ、こんなデブ……イヤだ」とか「年寄りのハゲは、パスよ」との拒否権がある。

そのうえ、かりに五〇〇〇円でデイト権を取り、女性も拒否せずに店外へ出ても、それが即セックスとはならない。お茶、食事、飲酒（もちろん、男性が支払う）などの通常デイトコースを経て、くどき落とすというシステムである。

とはいえ、このデイトコースも建前。いまどき、お茶を飲むだけで、入会金、落札価格からお茶代を払うお人好しはいないであろう。男性は〝ボンバン〟願いで、女性（摘発された女性客のほとんどが中学生、高校生）は〝エンコー〟狙いなのである。

こんな面倒な入会金システムをとっているのは、店が摘発を警戒しているため。「客どうしが意気投合し、店から出て行った。それから先のことは知らない。それは自由でしょう。女の客は、中学生に高校生ですって？　知りませんよ。うちは、ふつうの喫茶店ですからね」と、かりに警察が踏みこんで来ても、言い訳できると思っているからだった。なにせ、こういうフーゾクまがいの店は、多種多様であり、警察もヤクザの資金源になっているとか、覚醒剤など違法薬物を扱っているなど、より過激な店はマークしても、こんな新種まで手がまわらないのが現状。したがって、この「セリクラ」も、その手口が週刊誌に掲載され、話題になってから摘発されている。

だが、こんな「セリクラ」のような店舗をかまえる〝エンコー〟は、警察も注意していれば、目をつけることができても、店も開かず、個人営業をする、要するに目に見えない〝エンコー〟には、お手上げだった。

それが、ネット〝エンコー〟（出会い系サイト）である。ネット〝エンコー〟が話題になり出したのは、九〇年代の後半からだが、このネット〝エンコー〟を防止する目的——成人男性が十八歳未満の児童に〝エンコー〟を申し込むことを禁ずる。女子中高生らがネットに〝エンコー〟を誘う書きこみ禁止——の「出会い系サイト被害防止法」が施行（〇三年九月）するまでは野放し状態だったのである。

それこそカラスの鳴かぬ日はあっても〝エンコー〟のニュースが流れない日はない、という盛況ぶり。

「エンコーをしている同級生は多いかって？　マジで訊いてるの。あんなチョーヤバイもの、中学でおしまい。高校に入ってからは、ちゃんとしたパパをみつけている。パパもエンコーだろうって？　分かってないわね、愛人っていってよ。チュー坊のときのエンコーは、誰でもいいウリ。高校は、ラバー、分かる」

都内の私立高校二年だ、というこのお姉ちゃんのことは放置する。いずれにせよ、ネットエンコーは、世にはびこる。だが、いくら何でも小学生、中学生には、ウリだかエンコーだか知らないが、ネットを利用しての好き勝手を許すわけにはいかない、と〇八年には同法を改正、都道府県公安委員会に無届けのサイト業者に罰則を科すことにした。それまで、サイト業者は、個人情報保護を理由に、警察の任意協力を拒否するケースが多かったからである。ネットエンコーをする女子中学生などは、警察にいわせれば、悪質なサイト業者を利用していたが、改正によりそれが難しくなった。無届け業者には罰を加えることもできれば、児童福祉法、児童ポルノ法違反の容疑で強制捜査もできるようになったからである。

とはいえ、いくらサイト業者に圧力を加えても、警察の捜査には限界がある。携帯電話、ネットの普及はすさまじく、その利用方法も日進月歩。エンコーがなくなることは考えられない。最近では、規制のない「SNS」や「プロフ」あるいは店舗型では「出会いカフェ」という、むしろエンコーがさかんになった印象が強い。「日本地下経済白書」(門倉貴史/祥伝社黄金文庫)によると、サイトを主としたエンコーの市場規模は六〇〇億円だと推計している……。この数字が正確かどうか分からないが、エンコーという名の〝ボンバン〟系の〝素人売春〟が、こんな巨額になっているのだ。

■素人フーゾク娘のホストクラブ通い

そして、この〝エンコー〟を含めて素人たちが、フーゾクの場に流れる傾向が強い。先に紹介したように、中学で〝ウリ〟、高校で〝愛人〟。専門学校、短大、ＯＬになって、もう〝歳だから〟と、バイトとしてお気軽に〝キャバクラ〟へというコース。そして、金が稼げるものだから〝遊びましょう〟と、彼女たちはホストクラブへ通う。

かれこれ四〇年前（昭和四十年の東京・八重洲の「ナイト東京」が一号とされる）にスタートしたホストクラブは、あんなもの長続きするものか、と見られていて、当初はソープなどのフーゾク世界のベテラン女性をもっぱら得意先としていたのだが、時代はホストクラブに味方。遊ぶのは男も女もない、自分の金で遊んでどこが悪いのという〝正論〟のもとに、人妻から各種フーゾク嬢たちが、ホストの追っかけを始めた。かくて、遊びのメッカである新宿・歌舞伎町では、三〇年前には「クラブ愛」一軒しかなかったホストクラブが、最盛期にはミニクラブも含めて一〇〇軒を超え、現在も盛業中なのである。そこに、それこそエンコー現役組やＯＢが、ホストクラブ通いに加わったのである。

ホストは、元来、一切の固定給がない商売。ホストクラブの経営者は、「店という場所を無料で提供しているのだから、固定給を払うどころかこっちが場所代をもらいたいくらいだ、稼ぎたいなら客を連れて来い」、との独自な理屈で、ホストクラブを経営してきた。だが、平成になると、さすがに、その理屈は通用せず、安いとはいえ固定給を支払うようになった。だが、その固定給は、あの派手なスーツ一着も買えない額。ホストは必死になって客を店へ誘う。しかも、ホストクラブは、ホストどうしでも親分、子分の関係がある体育会系の体質。うっかり先輩やボス格の客を横取りしようものなら、仲間はずれはおろか刃傷沙汰になりかねない。

しかも、ホストには天敵がいる。同じように盛り場に巣食うヤクザの諸兄である。歌舞伎町を縄張りとするヤクザのお兄さんは独特の理屈をふりかざす。

「ホストクラブに通うホステス連中は、もともとオレたちの金づる。それをあいさつなしにかっさらうホストは許せない。オレたちには面子がある。だから、ホストの連中にきちんとあいさつするようにしつけているんだが、奴らはシカトしようとする。それで、ホストと奴らを雇っているホストクラブにお仕置きをすることになる」

お仕置きをされるホストはたまらない。歌舞伎町のホストクラブ経営者が何度か襲われたほか行方不明やあるいは他殺体となって発見されたホストもいるのだ。このほか、路上で殴る、蹴るの暴行を受けたホストは多い。

ヤクザとは勝手に「縄張り」と称する私的領地を定めるなど、メチャクチャをする人々なのだ。それやこれやでホストクラブ、ホストともにしかるべきあいさつをヤクザにするようになったのだが、暴対法施行後は、さすがにこのヤクザによるさしずめ〝ホスト狩り〟は、表面からは姿を消した。だが、いずれにせよ、ホストの新人たちは先輩やボス格のテクニックを見習い、自力で客を調達しなければならず、外で見ているより苦労の多い世界なのだ。そこで、盛り場に来る素人やキャバクラ嬢などで、これまでホストクラブに来たことのない若い女性に必死に声をかける。ところが、彼らに声をかけられた若い女性たちは、紹介したようにエンコーなど場数を踏んでいて度胸がいい。

「あんた、男だろう、がんばりな。売り上げのばしてさ、指名がんがんとってさ、あたしがアタマにしてあげる」

とまだ十代の少女にハッパをかけられるのだ。しかも、ホストには、がんばっても客がつかないタイプもいる。ホストは二枚目、少年系、お笑い系、とにかく調子のいいおべんちゃら系など、それぞれのキャラをいかして、客をつかまえるのだが、キャラそのものが地味で陰気で、一緒にいるだけで深いため息をつきたくなるようなタイプもいる。このタイプは、どうしても客がつかず、ヘルプ専門となり、お茶を引くことが多くなる。

そこで、彼らなりに客集めの方法を考えるのだが、目をつけるのは目の前にいる若い女性たち。しかし、これと思う目ぼしい若い女性たちは、他のホストにさらわれる。

困ったあげく選んだのが、地方から好奇心いっぱいに盛り場に遊びに来ている中学生や高校生たち。地方では、それなりにコンビニ前あたりにたむろして、遊んでいただろうが、都内の盛り場では様子が違う。落ち着かない気分で周囲を見ているところに、客を必死で探している売れないホストから、遊びに行かないかと声がかかる。

中高生もそれに応じるのだ。しかし、どこから見ても中高生に酒を飲ませるわけにいかない。連れ込んだホストクラブで、ホストは「ウーロン茶にするか?」とお茶を勧める。「ウーロン茶のボトルキープしような。カラオケでもしようか」。かくて、まだ、客が入っていない昼下りのホストクラブで、ホストと中高生の歌声が流れる。もちろん、無料ではない。

「一万五〇〇〇円にしておくわ。二〇〇〇〇円しかないの? いいよ、ツケにするよ。だから、こんどは友だち連れておいでよ」

この中高生のホストクラブ通いは、中学生が補導されて事件化し、発覚した。場所は歌舞伎町である。

■フーゾクの荒野に立ちますか？

よく考えてみれば、お父さんたちが一般のホステスクラブ、バー、スナック、フーゾクから、エンコーまで客として金をつかう。その金を持った盛り場の女性たちが、ホストクラブに走る。

なんだ、お父さんたちは、まわりまわってホストに貢いでいるのか、さらに、そのホストからヤクザへ……と金が流れている。そんなバカなことはよそう……と思ったりもする。

そういうお父さんたちを哀れんだのか、それとも新手の営業方法なのか、吉原に五十歳以上限定のソープが開店。この五十歳以上限定ソープ誕生を報道した「夕刊フジ」（二〇〇八年七月二十六日付）によれば、この「クラブフィフティーズ」は、五十歳から八十歳を入会金無料のレギュラー会費、八十歳以上はシニア会費、百歳以上はＶＩＰ会費（しかし、八十歳以上が、ソープに行くのかねぇ）とし、料金も八〇分三万五〇〇〇円から一二〇分六万五〇〇〇円のオーダーメイド制。サービスする女性も、これまでおじさま指名の多かった女性に加え、おじさま好きの新人も厳選した、とか。

なお、数年前、博多で女性専門のソープも誕生したが、これは男性なら誰でも分かるように、男性の場合、弾丸には限りがある。売れっ子になればなるほど、〝弾丸切れ〟になってしまい、満足なサービスができない。恐らく、そういう事情があったのであろう、博多の女性専用ソープも店を閉じた。

さて、吉原の五十歳以上限定のソープはどうか。

一昔前なら五十歳といえば、個人差はあろうが、銃は持っていても〝弾丸切れ〟か〝発射装置不能〟が主流を占めていたであろう。ところが、いまや五十歳代は、ウソか本当か、発射装置も弾丸もリッパに作動する〝現役バリバリ〟を認じる者が増加している。しかも、かりにこれらの調子が悪くてもバイアグラ（他にも同種の薬品は存在するが、右代表）という強い味方がある。とすれば、五十歳以上限定のソープもヒットする可能性はある……。

世の「好色」お父さん、バイアグラを武器に、ピンパブ、ホテマン、ちょんの間、ソープ、本サロ、出会い系サイトなどなど、荷風の時代に比べれば、多種多様、みなさん、フーゾクの荒野に西部のガンマンよろしく立ち向いますか……。それとも、連役も辞さなかった過ぎ去りし日々を追憶し、荷風には及びもつかないが、追憶日記でもしたためますか……。

第六章　現代風俗ガイド

これまで偉大なる「好色」の先達永井荷風の足跡を含めた風俗の歴史、システムなどいわば〝風俗概論〟をおとどけしたが、論より実践だ、と考える人もいるだろう。ましてや五十歳以上の者たちは、若い頃はともかくここのところ風俗には、さっぱりごぶさたしている――ここで最後の一花を咲かせてみようか――と考える向きもいるだろう。

そこで、これまでと重複する部分もあるが、最後に五十歳からの風俗実践ガイドを。

さあ、お客さん、読むはタダ。

世をあげての情報時代。新聞、雑誌、盛り場情報ガイドにネットといまでは風俗情報は、その気になればいくらでも入手できる。一切の情報なしに風俗に突撃するのも無手勝流だが、その際、梅酒一杯一〇万円、という強烈なボッタクリや、「お客さん、ブラジャーをとったから二万円」「パンティを下したので三万円」という〝タケノコ剥ぎ〟などを行う悪徳業者に会うことを覚悟する必要も。そのうえ、「高いぞ!」文句をいうと、「お客さん、困りますね、因縁をつけようというのですか」と店の奥から恐いお兄さんが出てくる場合もある。

そこまで恐い目にあわなくても客引きの口車に乗って風俗店に入ると「今晩わー」と出

てきた風俗嬢が、「こちら、経営者のお母さん？」というウルトラ年増や、「さぁー、どうにでもしてよ」といわんばかりに尻をボリボリかきながら現れるなげやりなタイプ。さらに、なぜか不機嫌でニコリともせず、黙ってうらぶれているタイプもいる。いったん店に入った以上、出るに出られず金をドブに捨てたような気分になってしまう。

こういう悲惨な事態を避けるためにも、風俗の業種によって異なる標準的な価格、手順など事前に知っていたほうが無難。そのためには、先に紹介した各種風俗情報をチェックするかあるいは周囲に必ずいる風俗遊び大好きの友人、知人から情報を仕入れておくことだが、それでも悪質な業者にひっかかることもあるのが、風俗という世界。また、それが安全、確実ではおもしろくもなんでもない風俗の魅力でもあるのだ。新宿・歌舞伎町で当人は、プチボッタクリバーを経営しているという四十代の風俗嬢ＯＢが、かくのたまう。「盛り場をうろつく酔っ払いたちは、何かおもしろいことはないかと探している。酒がたらふく飲め、きれいなネェチャンが濃厚なピンクサービスをしてくれ、あわよくばホンバンまで望めて、大二、三枚という安い値段ですめばいいなぁと妄想している。世の中、そんな甘くはないといってもムダ。とにかくそう思いこんでいるのだからね。まぁ、調子を合せ、店に連れこんで妄想を醒ませてあげる。その場合、勘定は五万円が限界ね。それ以上になると警察にかけこむ。五万円だったらオレもバカだったとあきらめる。私の長年の経験上、ボッタクリは五万円まで」

誰でも五万円は、大きい。だが、このママが言うように、恥をさらしてまで何とかしてくれと警察に訴え出る額ではないだろう。

もちろん、ボッタクリは避けたい。そこで事前の情報収集なのだが、いざ、各種風俗店に入ってしまえばそこから先は、客の人間性いかんによって同じ金を支払いながらも大仰にいうと天国にも地獄にもなる。ソープランド、ヘルスなど風俗店は、文字道りハダカのつきあいになる場所。ハダカになってしまえば、社長だ、専務だ、先生だ、弁護士だといばってみても、「なによ、いばれる代物」と風俗嬢が視線を下におとせば一目瞭然。いばる、乱暴、カサにかかるなど上から目線で接すれば、風俗嬢は「あっ、そう」とビジネスライクで応える。つまらない、バカバカしい、早く終れ、で不毛な時が過ぎるのみである。

せっかく目の前に種々の観音さまが鎮座ましますのだから尊敬の念で接すれば、風俗観音もほほえむこと受けあいである。という口上のあとは、各種風俗のポイントを。

■ソープランド（本番あり）

【概説】

ソープランドはボッタくりや悪質店は少ない。もはやソープランドの営業許可は新規におりないので、既得権益化しているから無理な営業はしない。サービスが悪く客からクレームの多いソープ嬢は淘汰される。とはいえ営業的にダメな店とカワイ子ちゃんをそろえてやる気満々の店がある。また、店の値段により等級や女やサービスの質がある程度決まっている。

ソープ街は、首都圏では、東京・吉原、川崎・堀之内と南町、横浜・福富町、千葉・栄町、さいまた市・大宮、川口市・西川口、土浦がある。このほか、首都圏では新宿、池袋。ほかに駅前ソープなどと呼ばれる一〜二軒のソープがある駅もある。ソープを堪能するなら、やはり大規模なソープ街のほうが店の競争もありサービスや女性に期待ができる。

日本全国で大規模ソープ街は札幌・すすきの、宇都宮、名古屋、岐阜・金津園、滋賀県・

雄琴、神戸・福原、福岡・中州、熊本、那覇・波の上など。
ちなみに、吉原は交通の便が不便で、最寄りは三ノ輪かつくばエクスプレスの浅草になるが、そこからでも徒歩一〇分以上かかる。中級以上の店なら鶯谷駅や浅草駅などからは送迎サービスもあるが、送迎場所が決まっており、いかにもソレ風の格好で迎車を待っているのは恥ずかしいかもしれない。

【心得】
ソープランドへ行くときは事前にシャワーを浴びたほうがよい。即尺（部屋に入ってすぐに尺八される）などのサービスがある店があることもあり、ソープ嬢のみならず風俗嬢全般は清潔な男を好む。爪なども切って行くこと。

【超格安店】
四〇分～六〇分：約1万円～一万五〇〇〇円
オール込み（入浴料＋サービス料）の値段でいえば、最低料金は約一万円クラスが超格安店。店に入ると簡単なシャワーとイス洗いがあり、その際にフェラチオがあるくらい。風呂に入った後で、ベッドで、本番。女がフェラチオなどで男を立たせてから、「上になる?」と訊いてくるので、女性上位か正常位か選んで合体。女性にクンニしたり、指入れしたり色々体位を変えてもよいが、時間が短いので、時間内にイカないと、延長するか時間切れで終了となる。延長不可の場合もある。

基本的に一回戦。ソープ嬢はアソコにローションなどを仕込んでいるのが普通。若い女が三〇分の短時間でバタバタとサービスする店と、多少時間が長くて熟女(三〇代～五〇代)がお相手する店に分かれる。

【格安店(大衆店)】(六〇分～七〇分)二万円弱～三万円

かつては、ワン・ツー(入浴料一万円・サービス料二万円)の店が一番多く中級店とされたが、最近の傾向で中級店の値段が上がり、総額三万円の店は大衆店といってよい。イス洗い、マットプレイ、ベッドプレイが基本。基本的には一回戦だが、店によって女性によってはマットとベッドで二回戦の場合もある。

【中級店】

九〇分：三万円～四万円

ソープ街では、もっとも多いタイプの店。客の体調や年齢によって二回戦(場合によっては三回戦も）応ずる場合が多い。二回やりたいのか、一回がギリギリなのかは素直にソープ嬢に告げるとよい。全体の流れを加減してくれる。
遊び（お姉さんにとっては仕事だが）は、イス・ボディ洗い、風呂・潜望鏡、マット、ベッド。中級店でも値段が後半の店は女性によって即尺もする。ただし、客に清潔感があるときに限る。

【高級店】

九〇分～一二〇分：五万円～六万円
基本的には中級店のサービスが基本。女の容姿がよく、時間が長めで、内装や出される酒が豪華という点が違う。
遠慮せずに、やってもらいたいこと、やりたいことを申し出ること。すべてOKではないが、遠慮して自分の嗜好を満足させないのはもったいない。サービスに基本的には手抜きがないが、はっきり言わないと延々おしゃべりして時間が経過する姫もいる。

【最高級店】一二〇分：七～一〇万円

女の容姿がよく、時間が長めで、内装や出される酒が豪華なのは高級店と同じ。さらに丁寧な接客というのが売り。

■ソープランド（本番なし）

一万円〜一万五〇〇〇円

駅前ソープといわれ都内山手線沿線などに点在している。いわゆるフィンガーマッサージで放出というのが基本サービス。（駅前ソープでも本番ありの店もある。）

■ファッションヘルス（ヘルス・性感ヘルス）

新宿の有名店で一万二〇〇〇円（四〇分）〜一万九〇〇〇円（六〇分）。延長が七〇〇〇円（二〇分）

店内で写真か実物で女性を選ぶ。部屋に入り、服を脱いで共同シャワーで局部中心に洗ってもらい、フェラチオやシックス・ナインのセクシャルマッサージを受ける。最後は口内発射か素股。挿入は厳禁。ただし、たまに本番をモグリでやっている店やヘルス嬢もいるが、それは口コミで知るしかない。

なお、ファッションヘルスと看板を掲げたボッタクリ店も多いので注意。

■デリバリー型ヘルス

デリヘル（デリバリーヘルス）・ホテヘル：（ホテル派遣型ヘルス：デリヘルの受付所型）

六〇分：一万五〇〇〇円〜二万円（派遣する地域で値段が違う）

五〇分（人妻）：一万〜一万四〇〇〇円

デリヘルは電話をかけてヘルス嬢をホテルや自宅に派遣してもらう。

ホテヘルの場合は事務所に出向いて、女性を選んでホテルまで同行する。ホテヘルのホテル代などは別途の場合と込みの場合がある。また提携ホテルで待ち合わせる場合もある。

ともに、プレー内容は、キス、フェラ、69、素股など本番以外でのヌキ行為。基本は本番禁止。ただし、中には本番ありの店もある。特に、大塚・鶯谷の人妻・熟女系の店や、「大人のおつき合い」「最後まで」「一回戦・二回戦」などのキャッチコピーの店は本番アリの可能性が高い。その場合の料金は六〇分二万〜三万五〇〇〇円くらいになる。

■イメクラ（イメージクラブ）

六〇分：一万二〇〇〇円～

基本的なサービスはファッションヘルスと同じだが、女性従業員がスチュワーデス、看護婦、ＯＬ、セーラー服などいろいろなコスチュームで疑似性行為を行なう。ただし、ストーリープレイ（お芝居ごっこ）に特化して疑似性行為もない場合もある。

■性感マッサージ（前立腺マッサージ）

六〇分：一万五〇〇〇円～

性感帯を刺激するマッサージを施し射精に導く意味ではヘルスと同様。一般のヘルスではペニス、睾丸、乳首などへの刺激、せいぜいアナル舐めまでだが、性感マッサージ店では前立腺マッサージを施す。肛門から指を入れて前立腺を刺激する。男性でも激しいオルガスムスを味わえる。

■ニューハーフヘルス
六〇分：一万五〇〇〇円〜

ニューハーフとは豊胸や性転換した人。ペニスがある場合と、ペニスがない場合とある。

ニューハーフによるファッションヘルス。人工膣やアナルでの本番行為は基本的にない。

■ピンサロ
三〇分：二〇〇〇円〜四〇〇〇円（＋指名二〇〇〇円）
六〇分：二八〇〇円〜六八〇〇円（＋指名二〇〇〇円）
夕方五時くらいから店を開ける。遅い時間ほど値段があがる。ボックス席で、手コキ、フェラチオ、口内発射で射精させる。もぐりで本番をする店もかつてはあったが、主要繁華街にはほぼなくなった。ボッタクリ店も多数混じっているので要注意。慣れてないなら、定評のある老舗に行くのがよいが、紛らわしい名前の悪質店もあるので事前の情報収集を。

■ＳＭクラブ

六〇分：五〇〇〇円〜

ＳＭプレーをする。パブ形式で店の女王様（Ｓ女）やＭ女が客の相手をする場合と、個室やホテルで個別にプレーする場合がある。また、ＳＭに特化せず、フェチや女装など様々な変態プレー願望を果たすことができることも多い。パブ形式の場合、常連が中心なので店の雰囲気などを壊さないようにする。

■ストリップ

入場料：五〇〇〇円〜七〇〇〇円

「本番生板ショー」が行なわれる場合は舞台上で踊り子と本番行為を行なう。無論違法で摘発されれば逮捕される。また、小屋によっては片隅の「個室」で数千円で踊り子による本番や性的マッサージが行なわれる場合もある。

■フィリピンパブ・東欧系パブ

六〇分：二五〇〇円〜

入国管理が厳しくなり減っている。基本的には接客されて飲酒する店である。カラオケやおしゃべりダンスなどの相手を外国人のオネエさんがしてくれる。以前は店外デートという名の売春が公然の店も地方にあったが、いまは激減。売春の料金はショート（1回戦・約一時間）二〜三万円、泊まり四〜五万円。

■中国系パブ

飲み代が一万円

連れ出し料はショート三万円、泊まり四〜五万円（ホテル代は別にかかる）

新宿・池袋・上野・錦糸町など外国人クラブが多い街にある。飲むだけでホステスは連れ出しできない店でも、マスターやママに頼むと業者に連絡して女性を店に呼びだしてくれる。タイプをはっきりいうこと。好みでないときはキャンセルする。キャンセルのときは一〇〇〇円くらいチップを渡してやるほうがよい。韓国系は飲食代もろもろ割高である。

■中国（韓国台湾）系回春マッサージ

街角で「オ兄サン、マッサージ、イカガデスカ」と声をかけられた経験のある方も多いだろう。あのままついていったら…どうなるか？　実は、女性は服を脱がず、抜きがない店も多い。セクシーサービスはあったとしても手コキまでがほとんど。前立腺マッサージなどを施すところもあるが、本番はないと思ったほうがよい。

■出会い喫茶・逆ナンパ部屋（援助交際）

入会金・入場料・登録料・連れ出し料などで五〇〇〇円〜一万五〇〇〇円

女性へは別途。援助交際という名の売春の場合で一万五〇〇〇円〜二万円

この項以降はデンジャラスゾーン。非合法かすれすれなるがゆえに、罪に問われる可能性がある。下手を打てばテレビのニュース・新聞に掲載される恐れもある。それがどうした、怖い者はないと居直ることができる者のみがチャレンジ。発覚した際に女房の鬼の形相が浮かんでくるタイプは避けたほうが無難。

出会い喫茶では、店に遊びに来ている女性（若いギャルか若手ＯＬ）を指名して少し話

をして外に連れ出す。飲食やカラオケの相手、また、ホテルでのセックスなどは女性側との交渉しだい。はっきりいって、援助交際という名の素人売春だが、キモイ（気持ち悪い）とか危険と思われると断られるので、それなりに会話して口説く必要がある。ただし、会話料、連れ出し料とそのつど料金を要求されることが多い。

逆ナンパ部屋は、男性が待つ個室を女性がノックして訪ねてきて、上記の交渉をするシステム。恐喝は少ないものの未成年や18歳以下の女性も混じっているので淫行罪にならぬよう注意。といっても、現実は、何度か経験を重ね油断したときに淫行罪で逮捕されるケースが多いが…。それも少女が摘発され、その供述からイモズル式にというパターン。

六〇分：一〇〇〇円～二〇〇〇円（入店料金）

女性へは別途。援助交際という名の売春の場合で一万五〇〇〇円～二万円

■テレクラ（援助交際）

援助交際を望む女性からの電話を店で待つ。その気のある女性からの電話をひたすら待つ。電話を受けるには早取りと順番があるが年寄りには順番のほうが無難。釣りの気分で

じっくり待つしかない。未成年・18歳以下や恐喝・美人局も多いことに留意といっても、これればかりは自分の勘に頼るしかないが…。

■出会い系サイト（援助交際）

携帯やネットでメッセージをやりとりしながら口説く。援助交際もいれば、そうでないのもいる。一回の出会いに五〇〇〇円（ポイントを購入し時間やメールごとに支払うなどシステムはいろいろ）くらいかかる。メールが下手だとさらにかかる。

ネットやケータイで、メッセージを交換しながら待ち合わせを決める。サクラが多いが、サクラは〝売春〟系が多い。さらに詐欺サイト、恐喝サイトなども多数混じっている。ただし、出会い系サイトで結婚したり、交際をはじめたカップルも多数いるのも事実。ただし、未成年や一八歳以下が混じっているのでテレクラと同じような対応が要求される。

■（番外）枕芸者

料亭などでは表だっては認めていない。顔のきく知人・友人を通して料亭などに頼むしかない。料亭では宴席が設けられ、芸者（特攻コンパニオン）がお酌をしてくれる。そして風呂に入り、蒲団の敷かれた部屋へ案内される。一戦後にお茶で終了。これで料理・酒・女性、合わせて一人一〇万円（女性代が五万円）くらい。三味線など本物の芸者を入れればその分の料金が加算される。

※援助交際（売春）

一万五〇〇〇円～三万円

テレクラ・出会い系サイト・出会い喫茶等で出会う。出会い系サイトは様々な詐欺サイトや恐喝サイトが混じっているので迂闊に近づくのは危険。テレクラでも、不良ギャングが出てきて恐喝されることもあり、未成年や一八歳以下を相手にして淫行罪になることも多いことを知っておくべき。いまの子は外見では未成年や一八歳以下かどうか見分けがつかない場合が多い。

第七章　荷風散歩

■浅草の荷風を訪ねて

さてさて、あまりにも目まぐるしい動きを展開する現代風俗の世界。ついには、最強力回春薬のバイアグラまで登場、定着してしまったが、天の流れにさからってまでのバイアグラ頼みを喜ぶべきか悲しむべきか。そして、荷風の世界は、すっかり遠のいてしまったかに思えたが……。ところが、その荷風に郷愁の思いを抱く人たちが多いと見え、ここ十数年来、ちょっとした荷風ブームが起き、荷風の遊狂の跡を訪ねる、さしずめ〝荷風散歩〟もまた人気となっている。

そこで、最後にごく簡単な〝荷風散歩〟のコースを紹介しておくと――。

〝荷風散歩〟の中心は浅草。荷風は、戦前から浅草に足を伸ばしていたが、戦後は、もっぱら浅草通いに明け暮れている。昭和二十三年（一九四八）の『断腸亭日乗』一月初九日の項には、つぎのように記されている。

――晴。暖。午下省線にて浅草駅に至り三ノ輪行電車にて菊屋橋より公園に入る。罹災後三年今日初めて東京の地を踏むなり。菊屋橋角宗円寺門前の右の布袋恙《つつがな》くして在り。仲店

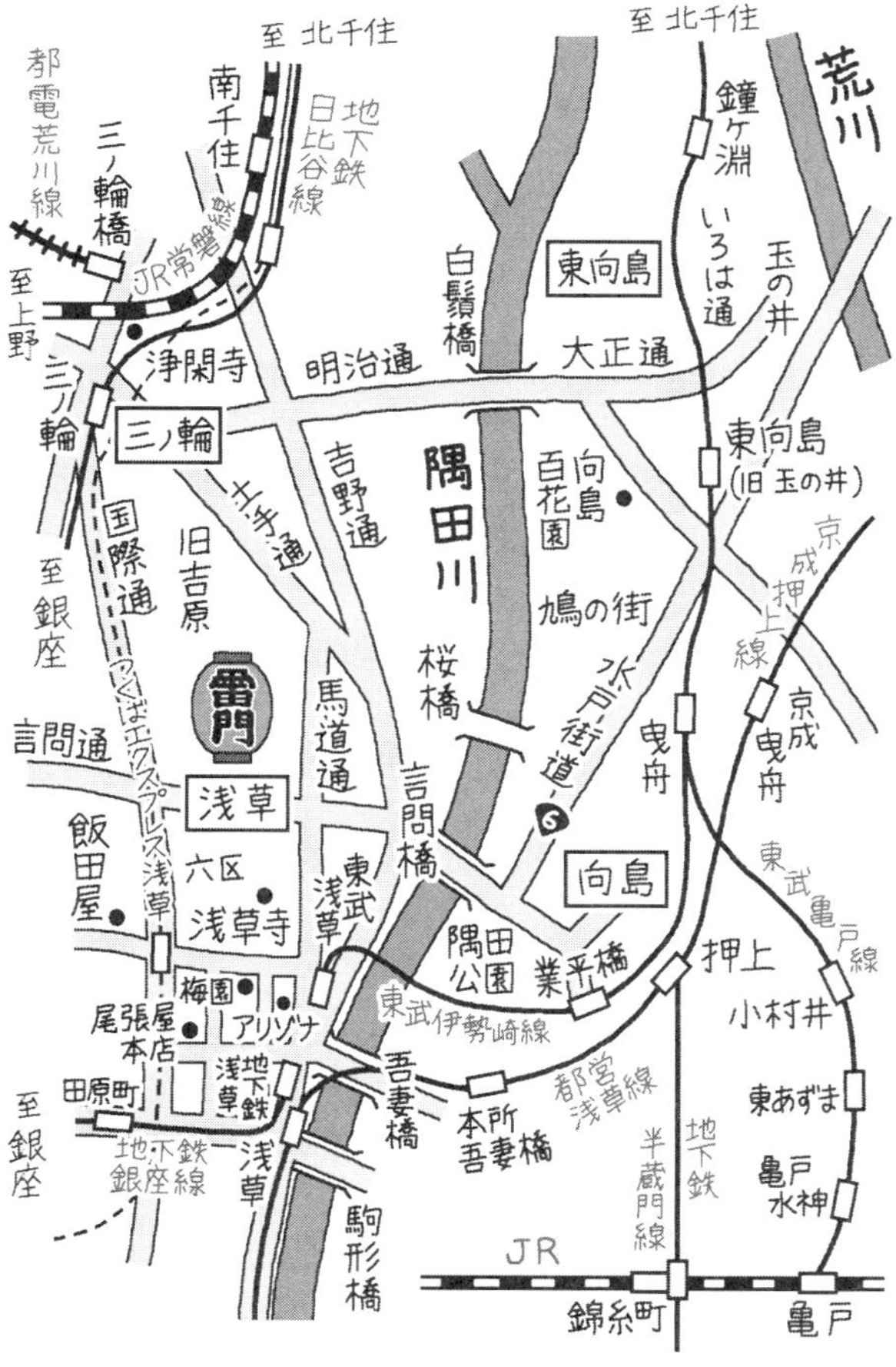
至 北千住
至 北千住
荒川
都電荒川線
三ノ輪橋
南千住
地下鉄日比谷線
JR常磐線
至上野
三ノ輪
浄閑寺
明治通
三ノ輪
白鬚橋
東向島
大正通
鐘ケ淵
いろは通
玉の井
東向島
(旧 玉の井)
国際通
土手通
吉野通
旧吉原
隅田川
向島百花園
鳩の街
京成押上線
至銀座
つくばエクスプレス浅草
馬道通
桜橋
水戸街道
曳舟
京成曳舟
言問通
浅草
言問橋
向島
東武亀戸線
飯田屋
六区
浅草寺
東武浅草
隅田公園
業平橋
押上
梅園
アリゾナ
尾張屋本店
東武伊勢崎線
小村井
地下鉄浅草
吾妻橋
本所吾妻橋
都営浅草線
東あずま
至銀座
田原町
地下鉄銀座線
浅草
半蔵門線
地下鉄
亀戸水神
駒形橋
JR
錦糸町
亀戸

両側とも焼けず。伝法院無事。公園池の茶屋半焼。池の藤恙し。露店の大半古着屋なり。木馬館旧の如し。その傍に小屋掛にてエロス祭といふ看板を出し女の裸を見せる。木戸銭拾円。ロック座はもとのオペラ館に似たるレヴューと劇とを見せるらしく木戸銭六拾円の札を出したり。公園の内外遊歩の人絡繹《らくえき》たるさま戦争前の如し。来路を省線にてかへる。亀戸平井あたりの町々バラック散在す。

戦後、荷風はその生涯を終えるまで千葉県市川市に居住していたが、市川市は、江戸川を挟んで東京（小岩）と隣接する町。市川から浅草に至る交通手段としては、市川駅から省線（現在のＪＲ）の総武線に乗り、秋葉原乗り換えで御徒町か上野で下車。そこから地下鉄、都電、バスを使うかあるいは市川駅前から上野行きのバスに乗って浅草雷門で下車。もう一つの手段は、荷風の自宅に近い京成電車の菅野駅から乗車し、京成小岩などを経由し、押上駅（現在は都営浅草線で接続している）で下車。そこから隅田川を渡り、歩いて浅草に行く。荷風は、もっぱらこの京成電車一本で行ける交通手段を選択した。

浅草に着くと彼の行き先は、大都座、ロック座、常盤座の楽屋。ひいきの踊り子と談笑したり、気に入れば、その踊り子のために芝居を書くなどして時を過ごした。死ぬまで一人暮しだったので自炊をしない場合は、地元市川の大黒屋（京成八幡駅前）以外は、もっぱら浅草で食事。都内でも有数の盛り場だった浅草には、各種の料理店があったが、なにせ荷風は、こだわりの男。何軒か決めるとそこしか行かない。それが喫茶・軽食の「アリゾナ」であり、洋食の「フジキッチン」、どぜうの「飯田屋」、うなぎの「つるや」、天ぷらの「天竹」、そばの「尾張屋」、甘味処の「梅園」、喫茶の「アンジェアラス」であった。

このなかでも「アリゾナ」にはよく飽きもせず通ったもので、死去する昭和三十四年（一九五九）三月まで顔を出している。

この「アリゾナ」を含め、荷風が通った浅草の店のかなりが健在。「アリゾナ」には、大きな荷風のパネル写真が二枚飾られているが、そのうち一枚はおなじみの帽子姿の飄々たる隠居老人風情のものだが、もう一枚は、和漢洋の教養と知性がにじむ大学教授然としたもの。どちらの顔をして連日「アリゾナ」に通ったかはさだかではないが、この店で、彼はもっぱら名物料理であるチキンレバークレオールかビーフシチューを食して（荷風流の表現だと餰《はん》す）いた、という。現在でも、荷風好みの両品はメニューに残っていて、荷風ファンがそれこそ餰しているのだ。

この「アリゾナ」のように、浅草では荷風時代の店の多くがいまも盛業中なのだが、荷風時代と比べすっかり影が薄くなったのは六区にあった劇場、映画館などの興行街。はとバスのコースとなっているストリップ専門のロック座こそ営業中だが、そのほか荷風が足繁く通った常盤座などは、とっくに姿を消している。エノケン、シミキン、ターキー（水の江瀧子）、戦後でいうと渥美清から北野武など数多くの大スターを誕生させた浅草・六区の興行街は、荷風が死去した昭和三十年代半ばを過ぎると、斜陽の一途をたどっていった。さらに、この六区の興行街には、戦前から永井荷風のほか、川端康成、高見順、今東光、サトウ・ハチローなどの文筆家も集まっていて、いってみれば文化の発祥の場でもあったが、この人たちもしだいに浅草から離れていったのだ。

それもこれも六区の中心だった映画館の衰退が大きな要因。映画産業自体が、昭和三十三年（一九五八）の入場者数一一億二七四五人をピークに、坂道を転がるように減少していったがためだ。その結果、映画館も営業が成り立たなくなり、その映画館のメッカである浅草・六区も、かつては大仰ではなく人ごみのなかをかきわけていく盛況ぶりがウソであったかのように、閑古鳥が鳴くようになったのである。

アリゾナの「チキンレバークレオール」(上)と筆者(左)

したがって、いま、浅草・六区の興行街を歩いてみても、競馬開催日の場外馬券場付近を除いては、日中でも人影もまばら。夜になれば、早々と周囲の飲食店も客を期待できないので店のシャッターを下ろす。午後九時をまわれば、営業中の店はごくわずか。いまの浅草は、きわめて健全な街となっているのだ。ただし、日中、往時の荷風のように、風の吹くまま気の向くままに商店街やあるいは路地を歩けば、江戸手ぬぐいの店、古道具屋、古着屋、せんべい屋など独特の味わいを持つ各種商店、飲食店などがみつかる。かつてのにぎわいは失われたが、にぎわいの代わりに、他の盛り場にはない昭和のたたずまいをそこかしこで見つけることができるのだ。

さらに、浅草周辺には、荷風の足跡をたどる場所が点在している。そこは、彼が主として戦前に足を運んだ場所だが、まず浅草の雷門から歩けば一〇分ほどの距離にある吉原。昭和三十三年に、その灯が消えるまで日本最大の遊廓地帯だったこの地を、荷風はもちろん、訪れている。売春防止法が施行され、遊廓としての吉原の灯は消えたが、世にもふしぎな〝入浴施設〟として復活。客は入湯料を支払って個室に入湯すれば、自由恋愛ができるとあって、旧名トルコ風呂として愛用者が増大。その後、ソープランドと改称され、紆

飯田屋では柳川なべぬたお銚子一本をいつも注文したという

荷風の定番だった尾張屋の「かしわ南蛮」（上左）梅園の「汁粉」（上右）。昔日の面影ない浅草にロック座(右）はいまも健在

余曲折はあったものの、その稼ぎ出す金額では風俗業の王にランクされている。そのソープ系のトップランナーが吉原なのである。

しかし、ソープランドが林立するいまの吉原とは荷風は無縁であり、さして見学する場所もないので、そのまま三の輪方面に足を伸ばすと、冒頭で紹介した荷風の碑がある浄閑寺にぶつかる。浄閑寺を見て、吉原土手通り、馬道通を経て浅草に戻る。

■玉の井に昔日の面影なし

東武伊勢崎線に乗り、隅田川を渡る。業平橋、曳舟の二駅を過ぎ、東向島（旧玉の井）に着く。この玉の井が、荷風の「濹東綺譚」の舞台となった私娼の町なのである。

「断腸亭日乗」によると、初めて荷風が玉の井を訪れたのは昭和十一年三月のこと。よほどこの私娼の町が気に入ったとみえ、以降、足繁く彼は玉の井に通う。この時の年齢が五十六歳。この年齢で現在なら老人扱いはされないが、戦前の当時ならリッパな老人である。しかも、荷風は功成り名を遂げた男であり、世は戦時色に染まっている。そんななかで、荷風は毅然と「色」の道をつき進んだ。

それまで彼が遊んだ街は、新橋、銀座、神楽坂、吉原といったメジャーな遊び場所である。それなりの環境、施設、料理を含めた接客サービスに加え、あまたの美女が揃っているところだ。つまり、安心して遊べる場所であった。

ところが、非公然の売春地帯である玉の井を見た荷風は、それまでの遊び場にない無秩序な街のたたずまいに強い関心を覚えた。「断腸亭日乗」(昭和十一年四月二十一日付)につぎのように記している——。

晩餐後浅草より玉の井を歩む。稍《ようや》く陋巷《ろうこう》迷路の形勢を知り得たり。然れども未精通するに至らざるなり。

玉の井という街は、荷風の探究心を刺激したのだ。となれば、彼は執念の人である。知り尽くすまで玉の井の街に通いつめたのだ。ましてやこの「陋巷迷路」の街の住人は、彼の好きな「娼婦」である。以降、荷風は玉の井に通い続け、その結果が「濹東綺譚」となって発表されたわけである。それにしても、荷風の健脚ぶりには驚かされる。

当時、彼の住まいは麻布。そこから銀座、路面電車、地下鉄、バスを乗り継ぎ、浅草を経由し、玉の井まで連日出かけるうえに、玉の井の女たちとの熱戦が加わる。まさに好きこそものの上手なれ。敬服するほかない。

話は平成の今日に飛ぶが、荷風並みの「好色」一筋の人物は、もちろんいまも存在する。たとえば、六十歳を超え、年金を握りしめフィリピンまで通う強者だ。三泊四日のコースでもっぱらマニラに滞在し、熱い戦いを繰り広げる。さしずめ、現代版の玉の井だが、不運なことも起きる。

つい昨年（二〇〇八）の暮、もはやマニラ通となっている六十二歳になる群馬在住の男性が、日本円で一泊一五〇〇円の安宿で、刺殺体となって発見されたのだ。この男性は、ホテル近くにある日本流にいうと、マニラで最も人気のある二階建ての出会い系ディスコに出かけ、そこでアマチュアともプロともつかぬフィリピーナ（恋愛料が日本円にして五〇〇〇円〜七〇〇〇円）をつかまえ、ホテルで「餠す」行為に熱中していた。刺殺体となって発見される前々夜、二人のフィリピーナをテイクアウトする姿をフロントに目撃されているが、二人など驚くに値しないとみえ、フロントもあっさり見送っていた。

しかし、六十二歳は、いまの日本人男性の平均寿命から判断すると、微妙な年齢。老人と呼ぶには抵抗がある。かといってもちろん若くはなく、中年でもない。性能力でも個人

玉の井の路地裏にて

差はあるが、ギリギリの年齢。それだけに、最後の一花と思うのであろう。マニラという隠れ里で、人目を気にせず、限りある身を験《ため》さん、と二人を相手にチャレンジ。気持ちはよく理解できる。だが、その結果、刺殺体。いやはや何とも……。なお、犯人は、いっこうに判明せず、マニラの新聞社に連絡をとると、迷宮入りが確実視されている、という。

こうなると、「色」の道も文字通り生命がけである。

話を〝荷風散歩〟に戻そう。荷風は、玉の井のほか鳩の街。さらに、戦前から戦後にかけて総武線沿線の亀戸、平井、新小岩、小岩といった場末の遊び場所にまで顔を出しているのだ。

だが、今日、玉の井を筆頭とするこれらの場末の私娼街は影も形もない。たとえば、玉の井。昭和五十年代に、玉の井近辺の寺島町出身の漫画家滝田ゆうが「抜けられます」と小路、路地が入り組んだ旧私娼街を描きこんだ絵で人気を得たが、むろんその時点でも荷風時代の私娼街は存在しなかった。

平成の今、すっかりモダンになった東武伊勢崎線に乗り、東向島駅で下り、「抜けられます」の旧私娼街の跡をたずねても、そこにあるのは小さなスーパーや飲食店からなる商店街とマンションや一般住宅のみ。それでも路地を入ると、古びた当時の建物そのままのスナックや飲み屋がかすかに存在する。こういう古びたスナックや飲み屋が強者どもの夢のあと……なのである。

駅に戻り、電車に乗り曳舟で乗り換える。ここで、かつて荷風も利用した亀戸行きの電車に乗り換えようとしていると入ってきたのが、地下鉄半蔵門線。見るとこの線は、押上を経て錦糸町に通じているではないか。戦後、江東楽天地と称し、映画館を中心に盛り場を形成していた錦糸町は、いまや様変わりし、十数年前から〝キンカメ〟と呼ばれる外国人ホステスを主力とする遊び場となっている。〝キンカメ〟とは錦糸町と隣駅の亀戸の略称。ここで〝キンカメ〟の詳しいサービス内容は省略するが、一言でいうと、フィリピン、タイ、中国、韓国などのアジア勢、旧ソ連などのヨーロッパ系をメインとするバー、クラブを、街の売り物としたこと。したがって、錦糸町の盛り場周辺には、外国人女性の生活圏が誕生、マンション、スーパー、料理店から託児所まで出現し、ちょっとした外国人タウンの雰囲気が漂う。

錦糸町は、外国人ホステス好きにはたまらなく魅力のある盛り場となったのだ。荷風にける玉の井のようなものかもしれない。

だが、その錦糸町に、ここ二、三年、異変が生じている。例の「外国人嫌い」の文学者都知事の意向により、外国人女性を雇用することが難しくなったのだ。その結果、錦糸町で嬉々として働いていた外国人女性も資格外活動で検挙されたり、あるいは外国人女性を雇用した経営者が罪を問われたりと歌舞伎町に始まった〝外国人狩り〟が〝キンカメ〟にも及んでいるのだ。要するに、クラブ、バーで外国人が働くことはまかりならんと。同じ文学者でありながらも、水商売の味方荷風とは大いに違うのだが、そんなことは私たちとは関係ないと錦糸町の法の裏を行くフィリピーナは、かく吠える。

「結婚、だいじょうぶ。アコ（私）、結婚した。だから、日本、いるね。結婚？　フェイクだろって？　イカウ（あなた）、イミグレーションか。アコ、カワワ（私、かわいそう）、子供？　三人いるよ。ジャン、ジャン飲んで、飲んで……」

〝荷風散歩〟は、かくして終わる。そして、私は言う。我は昭和の子なり。突撃一番。いざフィリピンへ。

（了）

〈参考文献〉

――永井荷風関連

・「荷風散策」(江藤淳/新潮文庫)
・「永井荷風ひとり暮し」(松本哉/三省堂)
・「わが荷風」(野口冨士男/中公文庫)
・「永井荷風という生き方」(松本哉/集英社新書)
・「好色家艶聞事典」(相田浩一編/東京堂出版)
・「永井荷風」(磯田光一/講談社)
・「偏奇館閨中写影」(亀山巌/有光書房)
・「ユリイカ」(平成九年三月号)
・「東京人」(平成十年八、九月号)
・「図説永井荷風」(川本三郎・湯川説子/河出書房新社)
・「文藝春秋デラックス増刊　昭和50年をつくった700人」(昭和五十年春季号)
・「オール讀物」(昭和五十八年七月臨時増刊号)

・「断腸亭日乗」（永井荷風著／磯田光一編／岩波文庫）ほか、永井荷風の作品
・「断腸亭の経済学」（吉野俊彦／NHK出版）

――風俗関連

・「戦後社会風俗史データファイル」（別冊歴史読本／新人物往来社）
・「ジャパゆきさん物語」（別冊宝島／宝島社）
・「ザ・風俗嬢」（別冊宝島／宝島社）
・「風俗営業取締り」（永井良和／講談社）
・「トルコロジー」（広岡敬一／晩聲社）
・「反風俗営業法」（週刊本／朝日出版社）
・「昭和平成ニッポン性風俗史」（白川充／展望社）
・「日本地下経済白書」（門倉貴史／祥伝社黄金文庫）
・「フーゾクの経済学」（岩永文夫／KKベストセラーズ）
・「ニッポンの性」（別冊歴史読本／新人物往来社）
・「散歩の達人」（平成八年十一月号）

参考文献

・「全国フーゾクの本2」（好奇心ブック58号／双葉社）
・「マニラ通」「マニラ好き」（日名子暁／太田出版）
・「フーゾク裏パクリの手口」（日名子暁／徳間文庫）
・「ストリップ血風録」（日名子暁／幻冬舎文庫）
・「経・年・国籍不問」（日名子暁／ダイヤモンド社）

このほか名前は挙げませんが、新聞、月刊誌、週刊誌などを参照しました。

★読者のみなさまにお願い

この本をお読みになって、どんな感想をお持ちでしょうか。次ページの「100字書評」（原稿用紙）にご記入のうえ、ページを切りとり、左記編集部までお送りいただけたらありがたく存じます。今後の企画の参考にさせていただきます。また、電子メールでも結構です。

お寄せいただいた「100字書評」は、ご了解のうえ新聞・雑誌などを通じて紹介させていただくこともあります。採用の場合は、特製図書カードを差しあげます。

なお、ご記入のお名前、ご住所、ご連絡先等は、書評紹介の事前了解、謝礼のお届け以外の目的で利用することはありません。また、それらの情報を六カ月を超えて保管することもありません。

〒一〇一―八七〇一　東京都千代田区神田神保町三―六―五　九段尚学ビル
祥伝社　書籍出版部　祥伝社新書編集部
電話〇三（三二六五）二三一〇　E-Mail : shinsho@shodensha.co.jp

キリトリ線

★本書の購入動機（新聞名か雑誌名、あるいは○をつけてください）

＿＿＿＿新聞の広告を見て	＿＿＿＿誌の広告を見て	＿＿＿＿新聞の書評を見て	＿＿＿＿誌の書評を見て	書店で見かけて	知人のすすめで

★100字書評……不良中年の風俗漂流

名前
住所
年齢
職業

日名子暁　ひなご・あきら

1942年、大分県生まれ。中央大学法学部中退。週刊誌記者を経て、フリーのルポライターとなる。金融問題の裏表、ヤクザ、詐欺、外国人労働者など幅広いジャンルにわたって活躍。とくに、風俗取材は斯界の第一人者として有名。
『マニラ通』『マニラ好き』『歌舞伎町アンダーグラウンド』『パクリの戦後史』など、多くの著書がある。

不良中年《ふりょうちゅうねん》の風俗漂流《ふうぞくひょうりゅう》

日名子《ひなご》 暁《あきら》

2009年3月5日　初版第1刷発行

発行者………………竹内和芳
発行所………………祥伝社《しょうでんしゃ》
〒101-8701　東京都千代田区神田神保町3-6-5
電話　03(3265)2081(販売部)
電話　03(3265)2310(編集部)
電話　03(3265)3622(業務部)
ホームページ　http://www.shodensha.co.jp/
装丁者………………盛川和洋
印刷所………………萩原印刷
製本所………………ナショナル製本

造本には十分注意しておりますが、万一、落丁、乱丁などの不良品がありましたら、
「業務部」あてにお送りください。送料小社負担にてお取り替えいたします。

Printed in Japan　ISBN978-4-396-11146-5　C0276